知っておきたい

女性天皇とその歴史

推古天皇から後桜町天皇まで

吉重丈夫
Takeo Yoshishige

PHPエディターズ・グループ

【天壌無窮《てんじょうむきゅう》の神勅《しんちょく》】

「豊葦原《とよあしはら》の千五百秋《ちいほあき》の瑞穂《みずほ》の国は、是《こ》れ吾《あ》が子孫《うみのこ》の王《きみ》たるべき地《くに》也。宜しく爾皇孫《いましすめみま》、就《ゆ》きて治《しら》せ。行矣《さきくませ》、宝祚《あまつひつぎ》の隆《さか》えまさむこと、当《まさ》に天壌《あめつち》と倶《とも》に窮《きわま》り無かるべし」

（『日本書紀』神代）

はしがき

皇紀二六七九年＝令和《れいわ》元年五月一日、いよいよ平成の御世が終わって令和の御世に入った。平成二十九年六月九日に成立した「天皇の退位等に関する皇室典範特例法」（以下単に「特例法」という）によって平成の御世の天皇から今上陛下への譲位が行われ、今上陛下の令和の御世となった。

今回の特例法が成立したときに付帯決議が付された。内容は以下の通りである。

「天皇の退位等に関する皇室典範特例法案に対する附帯決議」（以下単に「付帯決議」という）
〈一　政府は、安定的な皇位継承を確保するための諸課題、女性宮家の創設等について、皇族方の御年齢からしても先延ばしすることはできない重要な課題であることに鑑み、本法施行後速やかに、皇族方の御事情等を踏まえ、全体として整合性が取れるよう検討を行い、その結果を、速やかに国会に報告すること。
二　一の報告を受けた場合においては、国会は、安定的な皇位継承を確保するための方策について、「立法府の総意」が取りまとめられるよう検討を行うものとすること。
三　政府は、本法施行に伴い元号を改める場合においては、改元に伴って国民生活に支障が生ずることがないようにするとともに、本法施行に関連するその他の各般の措置の実施に当たっては、広く国民の理解が得られるものとなるよう、万全の配慮を行うこと。〉

この付帯決議がなされたので、特例法が施行されたら速やかに政府は女性宮家の創設などについて検討し、その結果を国会に報告しなければならなくなった。

そして、報告を受けた国会は「安定的な皇位継承」を確保するための方策について、「立法府の総意」がとりまとめられるよう検討を行わなければならない、となった。

「安定的な皇位継承」というもっともらしい理由を掲げるが、その本音は皇位継承資格者を広げるということである。要は万世一系を無視し、誰でも天皇になれるようにしたいだけである。

「安定的な皇位継承」を言うのであれば、ＧＨＱの命令ひとつで廃止された旧宮家の復活、あるいは少なくとも旧宮家の方々の皇籍復帰を検討すべきであろう。このことに全く触れていないところに、この付帯決議のいかがわしさが潜んでいる。

この付帯決議の言う「女性宮家」なるものは、日本建国以来二千六百八十年のあいだ、存在したことはない。日本の長い歴史上存在しなかったものを、今創設するという発想はどこから来るのか。

藤原家がこれまでおよそ一千年に亘って、皇位継承者に后《きさき》を入れてきたことによって、万世一系は保たれてきたが、その万世一系を崩そうというわけである。ＧＨＱが廃止させた宮家を復活させないのも、女性宮家創設の底意があるからである。天壌《てんじょう》無《む》窮《きゅう》の神勅《しんちょく》と皇室伝統を壊すことを目的としている。

それにはまず、国民の総意というものを持ち出して利用する。わずかでも反対者がいれば、あるいは反対者がいるという口実をもうけて、国民の理解が得られないといって、決められない状況をつくり出すのである。

日本の歴史上、女性天皇はおられたが女系天皇は一方《ひとかた》もおられない。この事実が極めて重要なのである。女系天皇は父方を辿《たど》っていっても天皇に行き着かない天皇である。これまでおられなかったので、例を挙げることは不可能である。

男系天皇は父を辿ると天皇（男子）に行き着く天皇で、日本の歴史上、男性天皇もおられるし、女性天皇もおられる。しかし、男性であれ女性であれ、父方を辿ると天皇に行き着く天皇であり、父系を系図で辿ると必ず神武天皇に辿り着く天皇である。

女系天皇の場合、父を辿っていっても天皇に行き着かない。だから、女系天皇は初代の神武天皇とは異なる系統となるから、女系天皇になると王朝が交代し、易姓革命が起こり、これまでの天皇とは異なった王朝となるのである。

女性天皇と女系天皇とは全く別の概念で、似た言葉ではあるが、意味内容は全く異なったものである。この区別もあえて説明しないで、国民が理解していないままに、女系天皇に賛成する世論形成が行われつつある。

小泉元総理の時に、皇室典範改正についての有識者会議がもたれ、女性天皇のことが議論になった。その時、小泉元総理が「愛子内親王が、将来民間人と結婚されて男子が生まれたときに、その男子は天皇になれないのか」と女系天皇反対論者に詰問された。我が日本国の総理大臣にして、この程度の理解であった。

これはその通りである。これが当《まさ》に女系天皇であり、これが駄目だということなのである。小泉元総理は極めて分かりやすい例を挙げて質問を出してくれた。小泉元総理は全く理解していなかったので、つい正直に分かりやすい詰問をしてくれたわけである。

小泉元総理も理解していないほどに、この問題は一般には理解されていなかったのである。しかし、この騒動で女系天皇については、国民の間に以前より多少は理解が進んだかもしれないが、それでも未だ女性天皇と女系天皇の区別がつく人は少ない。

国民の無知を良いことに、あるいは国民を無知の状態のままにしておいて、早急に女性宮家を創設するというのは、邪《よこしま》な勢力のすることであって、これを阻止しなければ国体の破壊につながる。

天皇の名前は崩御後に決められ、ご在位中は今上陛下として名前は持たれない。ご在位の間は天皇は「今上陛下」とお呼びするだけである。日本には天皇はお一人しかおられないので、特に名前は必要ないのである。先の平成の御世の天皇は上皇陛下となられた。

しかし、本書では過去のことを記述するのであるから、全て在位中から、のちの天皇名を使うことにする。

日本の国体を表す根本規範は憲法ではない。それは「肇国《ちょうこく》の言葉」つまり「天壌《てんじょう》無《む》窮《きゅう》の神勅《しんちょく》」である。

つまり、天照大神が、孫の邇邇芸命《ににぎのみこと》の降臨に際して授けた神勅、

「豊葦原《とよあしはら》の千五百秋《ちいほあき》の瑞穂《みずほ》の国は、是《こ》れ吾《あ》が子孫《うみのこ》の王《きみ》たるべき地《くに》也。宜しく爾皇孫《いましすめみま》、就《ゆ》きて治《しら》せ。行矣《さきくませ》、宝祚《あまつひつぎ》の隆《さか》えまさむこと、当《まさ》に天壌《あめつち》と倶《とも》に窮《きわま》り無かるべし」であって、これは神武天皇が、橿《かし》

原《はら》の地で日本の国を建てられてから全く変わっていない。

この「豊葦原の千五百秋の瑞穂の国（日本国）は、是れ吾が子孫の王《きみ》たるべき地《くに》也」と勅された神勅の中で、王は「是れ吾が子孫」と決められ、皇位はおのずと男系と決められている。

「是れ吾が子孫」であるから、天照大神の孫である邇邇芸命《ににぎのみこと》の直系でなければならないのである。男系でなければ直系にはならない。「吾が子孫」にはならない。

女性天皇が誕生した場合、その夫は天皇の直系男子に繋がっていなければ、その子供は天皇の直系にならない。従って、一系としては、その女性天皇で終わりになってしまうのである。先の小泉元総理の詰問に対する答えが当《まさ》にそれである。もし愛子内親王が即位されるとしたら、ここでは愛子天皇で一系は終わりとなる。

この根本規範（国体）は日本の建国以来およそ二千六百八十年、変わることなく遵守《じゅんしゅ》されてきた。

皇位継承に関する根本規範は、「天壌無窮の神勅」（肇国《ちょうこく》の言葉）と建国以来行われてきた天皇・皇族の伝統であって、それ以外ではあり得ない。憲法でもなければ皇室典範でもない。

皇位継承問題のような国体の根本規範は、建国後に臣民の作った憲法など臣民（世俗）の規範で変更できるものではない。皇位は憲法が作るものではない。内閣総理大臣や最高裁判所長官などの国家機関は、憲法その他の法律が作る。しかし、天皇の地位つまり「皇位」は憲法その他の法律が作るものではない。

女系天皇はこの根本規範に反し国体の破壊に繋がる。これまでの長い日本の歴史上、女系天皇は一《ひと》方《かた》もおられなかったことが、このことを証明している。

天皇のご存在は日本の神話に繋がっている。天照大神の神勅を受けて天降《あまくだ》られた邇邇芸命《ににぎのみこと》は、妃をお連れにならないで、お一人で側近とともに天降られた。そして地上に降りてこられてから、妃として木花咲耶姫《このはなさくやひめ》を娶られた。

そしてその子である山幸彦命《やまさちひこのみこと》は豊玉姫《とよまたひめ》を妃とされ、その間にお生まれになった子の鸕鷀草葺不合尊《うがやふきあえずのみこと》は、またその豊玉姫の妹の玉依姫《たまよりひめ》を妃とされた。

鸕鷀草葺不合尊の子で玉依姫がお産みになった神日本磐余彦尊《かむやまといわれひこのみこと》（神武天皇）が、橿原《かしはら》の地で日本国を建国され、初代天皇として即位された。そしてそれ以来、天皇は、二千六百八十年の長きに亘って、女性天皇を含めて、全て男系天皇である。

繰り返しになるが、憲法があって天皇がおられるのではない。逆に、天皇がおられて憲法がある。臣民の公布した憲法を天皇が受諾されるわけではなく、憲法その他一切の法律は天皇がこれを臣民に向かって公布される。

その意味では日本の憲法は、「天壌無窮《てんじょうむきゅう》の神勅《しんちょく》」の制約の下に作られるものである。そしてまた、憲法は「天壌無窮の神勅」だけでなく、さらに天皇・皇族の伝統にも制約される。つまり、皇位継承のような日本の国体の根本的事項に関しては「天壌無窮の神勅」と「皇族伝統」が憲法と法律に優先するのである。これが日本の国体（国柄）である。

今回の特例法の成立は、まさにこのことを証明している。特例法が満場一致の賛成で可決されたということは、臣民たる国民は「天壌無窮の神勅」（肇国《ちょうこく》の言葉）を肌感覚で理解していたのである。

憲法や法律は、我々臣民を律するものであって、天皇・皇族を律するものではない。現に、憲法や法律で我々が享受している基本的人権など、天皇や皇族にはない。

「天壌無窮の神勅」に「是《こ》れ（日本国）吾《あ》（天照大神）が子孫《うみのこ》の王《きみ》たるべき地《くに》也」とあり、天皇は我が国の王であって、臣民ではない。憲法や法律は臣民を律しているのであって、天皇を律しているのではない。

ところが、天皇・皇族方は臣民の作った法律を極めて誠実に守られる。これは日本の国体が「君民一体」、「君民共治」だから、天皇・皇族も臣民同様に臣民の作った法律を誠実にお守りになる。しかし、だからといって臣民の側から天皇に対して、臣民の作った法律を「守れ」と要求できる筋合いのものではない。

皇位継承の歴史は、「天壌無窮の神勅」と「天皇・皇族の伝統」という根本規範を遵守してきた歴史でもある。この「天壌無窮の神勅」に反する憲法が制定されたら、つまり、例えば女系天皇を認めるような憲法や法律が制定されたら、国体（国柄）が変わるのであるから、最早この国は日本国ではない。

先の大戦を終結するに当たって「国体の護持を条件として」ポツダム宣言を受諾し、その後、GHQが現日本国憲法を押しつけてきたときも、何とかこれだけは遵守したことに、これが顕れている。

確かに、日本国憲法は日本人の作成したものではなく、終戦当時の占領軍が作成したものであるが、制定過程において、日本の学者なり政治家や官僚が必死になって、この「天壌無窮の神勅」を遵守すべく努力した結果、現日本国憲法の第一章（第一条から第八条まで）は「天皇」に関する規定となっている。

憲法には最も重要な事項が最初に書かれるものである。日本国にとって一番大切なこととして、天皇に関する条項が最初の第一章に掲げられた。これで日本の国体は辛うじて守られたといえる。

前述した通り、日本の根本規範は「天壌無窮の神勅」であるから、日本の公民の教科書なり歴史教科書の第一ページには、この「天壌無窮の神勅」を載せなければいけない。そうしなければ日本の教科書ではない。これは日本の子供を日本人として育てるにおいては必須のことである。

日本国憲法第一条は「天皇は、日本国の象徴であり日本国民統合の象徴であつて、この地位は、主権の存する日本国民の総意に基く」と規定するが、この規定によって天皇が生まれたわけではない。これは「天壌無窮の神勅」の「是《こ》れ吾《あ》が子孫《うみのこ》の王《きみ》たるべき地《くに》也。宜しく爾皇孫《いましすめみま》、就《ゆ》きて治《しら》せ」を、具体的に憲法の文書で説明したに過ぎない。

「主権の存する日本国民の総意に基く」とあるが、この「日本国民」とは、現在日本国「大八洲《おおやしま》」に生存する人間だけでなく、これまで太古の昔から、この「大八洲」に住んでいた日本人すべてを含んでの国民であり、更にまた、これから生まれてくる国民も含んでの規定である。

そして、これまで日本に住んでいた国民の意思は、日本国の伝統として存在するのであり、従って伝統というものが極めて重要になってくる。

また、これから生まれてくる国民の意思は、これからの日本国民の教育に掛かっている。特に歴史教育、公民教育などに掛かっている。

ここで気掛かりな問題が二つある。一つは、日本の歴史が徐々に改竄《かいざん》され、とくに古代史と近現代史の改竄が酷《ひど》く、教育とメディアを通じて、日本人が自分の国の歴史を失いつつあるということである。国体の根本規範である「天壌無窮の神勅」など殆どの日本人は知らない。

そして今一つは、天皇・皇族は不必要なものであるというように喧伝され、GHQの神道指令と政教分離の間違った思想が大きく影響して、日本人の心の中から、天皇が失われつつあるということである。その上、国民は唯物思想に侵《おか》され、神への祈りというものを忘れ、天皇の祈りというものが理解できなくなっている。天皇は日本人と日本国の祭主であるという根本が忘れ去られている。

陛下は常に「国民の理解を得て」と仰るが、教育とメディアは国民が天皇を理解しないように、あるいは反天皇になるよう洗脳している。「天皇」という言葉を発するだけで、街宣車を連想させる右翼というレッテル貼りが行われつつある。天皇を敬う人は馬鹿な教養のない人、天皇を貶《おとし》める人は賢い人、教養のある人という風潮が出来上がっている。

こうして、日本国の破壊を目論んでいる教育界やメディアは、外国勢力の影響もあり、天皇は別に偉い方ではない、普通の人である、敬う必要はない、従って敬称や敬語は使わない、特にメディア関係者の間では使ってはいけないことになっている、不敬罪などとんでもない、天皇は誰でもなれるようにする、男女平等だから女性天皇でも女系天皇でも構わない、などと盛んに日々洗脳している。何とかして、天皇を捨てて国体を破壊する方向へと国民の頭を洗脳しようとしている。

こうした流れの中で、これから女性天皇、女系天皇、女性宮家といった問題が議論されることになる。よほど用心してかからないと、国体を破壊してしまうことになりかねない。

日本国憲法第二条は「皇位は、世襲のものであつて、国会の議決した皇室典範の定めるところにより、これを継承する」と規定するが、これも「天壌無窮の神勅」の「是《こ》れ吾《あ》が子孫《うみのこ》の王《きみ》たるべき地《くに》也」を具体的に文章化し、説明しているのである。しかし、この規定によって世襲となるわけでは決してない。

また、「世襲のものであつて」とあるから、「男系継承」でなければならない。「非男系継承」（女系継承や雑系継承）では「吾《あ》が子孫《うみのこ》」とならないから、「天壌無窮の神勅」に反することとなる。

「非男系」を認めると、昭和天皇が「ポツダム宣言」を受諾されるに当たって「国体を護持し得て」と詔《みことのり》されたことを、後の世の者が勝手に間違った解釈を加えて、日本の「国体」を破壊することになる。先人たちが、日本国憲法を作成するに当たって行った努力も、水泡に帰してしまうことになる。

かつて寬仁《ともひと》親王（三笠宮崇仁《たかひと》親王の第一王子、大正天皇の孫）が「歴史と伝統を平成の御世でいとも簡単に変更して良いのか」と女系天皇への反対姿勢を表明された。控えめにではあるが、極めて重大な指摘をしておられる。

昭和二十年八月に日本に革命が起き、日本の国体は変わったのであり、昭和天皇が初代天皇で、今上陛下は第三代天皇であるなどといういわゆる「八月革命説」など、出来の悪い冗談としか思えない。憲法学会ではこの「八月革命説」が通説であるというから驚きである。

賢い人たちがこれを唱えるとしたら、それは日本の「国体」を敢えて破壊したいという邪《よこしま》な意図を持ってのことである。売国奴の典型であり、国体破壊の確信犯である。日本の国体は太古の昔から全く変わっていないということは、国民のほうが皮膚感覚で了解しているのである。

この日本の長い歴史の中で、女性天皇もおられた。しかし、女系天皇は一方《ひとかた》もおられない。


この先、女性天皇が誕生するかどうかは分からないが、一応、現皇室典範の規定を遵守する限りは、女性天皇は誕生しえない。

小泉元総理の時代に皇室典範を改正すべく、有識者会議がもたれた。そして皇位継承者は男女を問わず、天皇の第一子と決まりかけていた。しかし、この有識者たちが皇室典範改正の審議をしている最中に、悠仁《ひさひと》親王殿下が誕生されるということで、審議は中断されて今日に至っている。


平成二十八年、突然、平成の御世の陛下＝現上皇陛下が退位を表明されたかのような報道がなされた。これが臣民の勝手な忖度《そんたく》でなされているとすれば、不敬の誹《そし》りを免れない。

先の大戦後、日本が占領軍の統治下にあったときに、占領軍の命令で不敬罪は廃止されているが、不敬であることには変わりはない。

天皇退位とか譲位とかの、皇位継承に関わる事項は今上陛下の専権事項と考えるべきで、臣民の関与すべき事ではない。厳に謹むべき事である。


上皇后陛下は、以前、皇后陛下であられたとき、「皇位継承に関しては、陛下と皇太子と秋篠宮だけで相談することであって、そのほかの人が関与すべきではない」と極めて明確に仰っておられる。

更にまた、過去のことであるが、皇紀一八四三年＝寿永二年（一一八三年）八月、平家を破って都に上ってきた源義仲《よしなか》（木曾義仲）が、突如として、以仁王《もちひとおう》（後白河天皇の第三皇子）の第一王・北陸宮《ほくろくのみや》の即位を主張したのに対し、その時の関白太政大臣・九条兼実《かねざね》が「王者の沙汰《さた》に至りては、民（臣民）の最にあらず」と言っている通りである。義仲の主張は天皇専権の干犯であった。この天皇の専権は、臣民の作った法律で侵害できるものではない。


先の今上陛下のご即位の経緯、先帝陛下（上皇陛下）から今上天皇への譲位の経緯を見ると、「天壌無窮の神勅」を始めとして、皇室慣習などの国体を表す規範が、臣民の作った法律（憲法・法律など）に優先するということが、改めて実証されたことが分かる。


先帝陛下は、「これから年をとっていくと、象徴天皇としての役目が果たせない日も来るであろうが、どうしたらよいであろうか」と国民に問いかけられた。

これは、憲法、皇室典範などの現行法では譲位はできないので、どうしたものか、と問いかけられたのである。陛下としてはこのような重要事項に関しては、現行法を無視しても良いのであるが、そのようには仰らないだけである。

政府（安倍内閣）もこれをよく理解し、「特例法」を作って対処した。結果としては、現行法を無視したのである。もちろんこれが正しいのであり、「君民一体」「君民共治」が実際に実行されている。「憲法違反である」と騒ぐ学者、メディア人が多かったが、彼らは日本の国体というものを理解していないだけである。

かつて三笠宮崇仁《たかひと》親王殿下（大正天皇第四皇子）は、現皇室典範制定時期の一九四六年十二月、明治期制定の旧典範と同様、天皇の生前退位を認めない点について、「自由意志による譲位を認めていない、つまり天皇は死なれなければその地位を去ることができないわけだが、たとえ百年に一度ぐらいとしても、真にやむを得ない事情が起きることを予想すれば、必要最小限の基本的人権としての譲位を考えたほうがよいと思っている」と異議を唱えられた。まさに崇仁親王殿下の仰った通りになっている。

本書では、これまで即位された全ての女性天皇について、即位の経緯、その女性天皇の氏素性、その女性天皇の御世での出来事、その女性天皇の御事績を書いてみることによって、日本の歴史上で女性天皇が誕生された経緯・背景とその女性天皇の果たされた役割を明らかにしたい。

結論として言えることは、女性天皇は皇位継承に当たって、異常事態に直面したときに即位しておられるということである。

本書は時代として、皇紀と年号を使用した。そして、参考のためにカッコ書きでキリスト暦を記した。

人は年齢を誕生したときから数える。国も同じで、建国から年を数えなければならない。日本の建国ははっきりしているのであり、その建国から数えれば当然皇紀となる。

日本では学校で建国を教えない。先の大戦終了後は子供に建国を教えなくなったのである。日本国がいつから始まったのかを教えない。自分の国の建国を教えない国は日本だけという。日本の年齢を分からなくするためである。従って、本書ではあえて皇紀を使用した。皇紀を使用すれば日本国の年齢が分かる。

現在は天皇の年齢などから考えて有り得ないと、建国年を否定する。しかし、事実かどうかは国の年齢とは別な問題である。これは日本国が正史（日本書紀）として記録を残していることである。あり得ないと言う人は正しい建国年を示してはどうだろうか。誰もこれを示していない。示さないで、欧米が使用しているキリスト暦を、現在から遡って自国の年齢に当てはめており、これでは日本は独立国であることを自ら否定していることになる。

また、日本ではこの国の名称は「日本」であるという規定がどこにもない。国号を「日本国」または「日本」と直接かつ明確に規定した法令は存在しないのである。ただ事実上使用しているに過ぎない。

日本はいつ建国されたのか、年齢は何歳なのか、名前は何か不明である。いわば自らを幽霊のような存在としている。

大陸の中華人民共和国で一人っ子政策を採っていたとき、二人目以下の子供は届け出が受理されなかった。従って、彼らはこの世に存在しないことになり、黒子と呼ばれているようである。年齢もなく、名前もないが事実上存在するから黒子と呼んでいるという。日本も、名もなく年齢も分からない国ということになるのであるなら、取り敢えず黒国ということにでもなるのであろうか。悲しい現実がここにある。

本書では日本国の年齢について、初代神武天皇の建国を前提として、数えた皇紀を使用した。

我が国の王である天皇は臣民に詔を渙発《かんぱつ》して、大御心《おおみごころ》を詔として表明される。本書で詔を記しているが、これは森清人先生顕彰会発行の「みことのり」から引用した。

また、各々の天皇には冒頭に世系を記した。世系は天照大神から何代かということを表している。つまり、天照大神何世ということである。兄弟継承のように、世代が変わらなければ世系も変わらない。

これまでの女性天皇のあらまし

現行法では女性天皇は誕生し得ない。皇室典範第一条で、「皇位は、皇統に属する男系の男子のみが、これを継承する」と規定されているからである。従って、女性が天皇に即位するには、この皇室典範の改正が必要になる。

大日本帝国憲法でも第二条で「皇位ハ皇室典範ノ定ムル所ニ依リ皇男子孫之ヲ繼承ス」とあり、女性天皇は誕生し得なかった。その上、旧皇室典範では第六十二条で「將來此ノ典範ノ條項ヲ改正シ又ハ増補スヘキノ必要アルニ當《あたり》テハ皇族會議及樞密《すうみつ》顧問ニ諮詢《しじゅん》シテ之ヲ勅定《ちょくじょう》スヘシ」と規定されていたので、天皇の勅がなければ女性天皇は誕生し得なかった。現行法では、法律改正すれば女性天皇も誕生し得るが、旧皇室典範では天皇の勅がなければ改正できなかったのである。

現行法の下では、女性天皇は誕生し得ないが、過去においては女性天皇は八方十代《かた》おられた。第三十五代皇極《こうぎょく》天皇と第四十六代孝謙《こうけん》天皇のお二方《ふたかた》は、二度即位（重祚《ちょうそ》）されたので八方十代となっている。因みに、男性天皇で重祚された天皇はおられない。

女性天皇は、すべて皇統の危機か、あるいは政治上の危機があって誕生された。

最初の女性天皇である推古天皇は、日本の歴史上初めて起きた天皇弑虐《しいぎゃく》事件があって誕生されたし、皇極天皇の御世には「乙巳《いっし》の変」が起きて、史上初めての天皇の譲位が行われた。

そしてまた、この皇極天皇は二度即位され、初めて重祚が行われた。

孝謙天皇は初めて女性皇太子となられて即位された。そして、淳仁天皇に譲位されて上皇となられたあと、淳仁天皇を廃された。上皇が天皇を廃されたのは歴史上これが初めてであった。そして、この孝謙天皇もまた二度即位された。その上、この天皇の時に天平勝宝《てんぴょうしょうほう》の大獄があり、多くの皇子や王子が犠牲になっている。

後水尾天皇の皇女・興子《おきこ》内親王は後水尾天皇と幕府との軋轢《あつれき》から七歳で即位された。女性天皇が誕生するときは、往々にして歴史上初めてのことが起きる。

明治の世になって、天皇は男系男子と憲法・皇室典範に規定され、しかも譲位の制度が廃止されたのは、女性天皇と譲位が過去の天皇の歴史を踏まえると、余り良くないと学習した結果であろうか。

日本の歴史上、これまでに即位された女性天皇は、第三十三代の推古《すいこ》天皇、第三十五＝第三十七代の皇極《こうぎょく》天皇＝斉明《さいめい》天皇、第四十一代の持統《じとう》天皇、第四十三代の元明《げんめい》天皇、第四十四代の元正《げんしょう》天皇、第四十六代＝第四十八代の孝謙《こうけん》天皇＝称徳《しょうとく》天皇、第百九代の明正《めいしょう》天皇、第百十七代の後桜町《ごさくらまち》天皇の八方《かた》である。

天皇はこの八方であるが、前述の通り、第三十五代皇極天皇と第四十六代孝謙天皇のお二方《ふたかた》が、第三十七代斉明天皇と第四十八代称徳天皇として二度即位しておられるので、八方十代である。

また、後述する通り、第十四代仲哀《ちゅうあい》天皇の皇后・神功《じんぐう》皇后が、仲哀天皇崩御のあと、およそ七十年に亘って、天皇として朝政を執られたので、これを天皇として数えれば、女性天皇は九方十一代ということになる。

更にまた、飯豊《いいとよ》天皇がおられたが、現在の天皇には数えられていない。このお二方《ふたかた》を加えると十方十二代となる。ここではこのお二方についても個別に記述する。

女性天皇は、その時代を背景にして様々な経緯で即位しておられるが、全て男系女性天皇で、女系女性天皇は一方もおられない。天皇として即位された女性天皇の全てが、父親を辿ると（男性）天皇に行き着くのである。従って、これまでの女性天皇は全て男系女性天皇である。

女性天皇が皇族ではなく、臣籍の者（一般人）と結婚し、男子を産んでその男子が即位されると、その方は女系（非男系）天皇となる。これまでの（男系）女性天皇は、即位後は結婚されず、独身を通しておられ、結婚して子供を儲けられた方《かた》は一方《かた》もおられない。

また、女性天皇は全て中継ぎの役を果たしておられ、皆さん皇后か内親王か女王（皇子か王の娘）である。そして、すべて男系女性天皇である。

女系天皇とは、父親を辿っていっても天皇に行き着かない場合の天皇で、理論上は女性天皇もあれば男性天皇もあり得る。つまり、父親を辿っていっても天皇には行き着かず、女性にしか行き着かない場合が女系天皇であるが、これは非男系天皇ということになる。従って、女系天皇というのは言葉としては正しくない。男系女性天皇か非男系女性天皇しかないのである。非男系女性天皇を別な分かりやすい言葉で言うとしたら、雑系女性天皇（非男系女性天皇）と言うべきであろう。これは天皇、皇族ではなく一般人と同じである。これまでに例はない。女系容認論者は、この皇族ではない一般人でも天皇になれるようにしようとしていることになる。つまり、国体の破壊を目論んでいることになる。

二千六百八十年に及ぶ日本の歴史の中で、実質を考えた場合、最初の女性天皇は神功皇后である。明治以前は、神功皇后を天皇（皇后の臨朝）と見なして、第十五代天皇とした史書もあったが、皇紀二五八六年＝大正十五年（一九二六年）十月、皇統譜令で、皇統譜上の歴代天皇から外された。

こうして神功皇后は天皇と見なさないこととなり、現在では女性天皇として数えていない。夫である仲哀天皇が崩御されたときは、次の第十五代応神天皇がまだ神功皇后の胎中におられたので、誕生されたときに神功皇后は応神《おうじん》天皇の摂政となられた。しかし実質的には天皇としての働きをされ、臣民も天皇として仕えた。そして、およそ七十年の長きに亘って、天皇として朝政を執られたのである。

なお、『日本書紀』は一貫して神功摂政と記し、神功天皇とはしていない。この時代はまだ、女性は天皇を名告《なの》れなかったのかも知れない。

皇紀一二五二年＝崇峻《すしゅん》天皇五年（五九二年）、蘇我馬子が第三十二代崇峻天皇を殺害して第三十三代推古天皇が誕生されてから、第四十八代称徳天皇＝孝謙上皇までの間に、六方《かた》八代の女性天皇が誕生しておられる。その間、十四方十六代の天皇が即位しておられるが、その中での八代と、半分以上が女性天皇である。在位期間についても、およそ百八十年の間の九十年が女性天皇の御世であり、これもおよそ半分である。

そしてこの期間は、崇峻天皇弑虐《しいぎゃく》事件に始まって、宇佐《うさ》八幡宮神託事件・道鏡《どうきょう》事件で終わっている。女性天皇はもう懲り懲りという雰囲気が生じた結果と言えるかも知れない。明治時代、憲法も皇室典範も、天皇の譲位と女性天皇を制度上認めていないが、これはこの時代の歴史を踏まえたものであると思われる。


つまり、女性天皇がたくさん生まれたのは、第二十九代欽明《きんめい》天皇（第二十六代継体《けいたい》天皇の皇子）の御世、半島を通じて大陸から仏教が入ってきて、これを受け入れるかどうかの論争が発生し、第三十一代用明《ようめい》天皇（推古天皇の同母兄）が仏教に帰依《きえ》され、その用明天皇の皇子で、推古天皇の皇太子となられた聖徳太子《しょうとくたいし》が神仏習合という思想を打ち出され、その仏教を取り入れた時期に始まる。

そして、最後は第四十八代称徳天皇が道鏡という僧をあわや天皇に即位させるかも知れなかったという、宇佐八幡宮神託事件・道鏡事件で終わっている。

仏教は欽明天皇の時代に日本に入ってきたが、最初にこれを受け入れ帰依したのが豪族の蘇我氏で、最初の女性天皇を誕生させたのが蘇我氏（蘇我馬子）であることは何という皮肉なことであろうか。しかもこの時期の最後が、万世一系を危うくした宇佐八幡宮神託事件・道鏡事件であった。

日本の歴史の中で、最初の女性天皇は公式には第三十三代推古天皇で、皇紀一二五二年＝崇峻天皇五年（五九二年）に即位しておられる。

この推古天皇の即位直前、崇峻天皇五年（五九二年）十一月三日、蘇我馬子が崇峻天皇を弑《しい》するという大逆事件「崇峻天皇弑虐事件」が発生した。

この「天皇弑虐事件」は、日本の天皇の歴史では最初の大逆事件であり、推古天皇という女性天皇の誕生はこの事件あってのことで、これが日本での最初の女性天皇誕生に繋がった。

馬子はこの大逆事件を起こしたことで、自分が罪を被らなくて済むように、自分の姪であり先々帝・敏達《びだつ》天皇の皇后であられた額田部《ぬかたべ》皇女（推古天皇）に即位を願った。これを受けて即位されたのが推古天皇である。

そして、馬子は何らの罪にも問われることがなかった。それどころか逆に、その後の馬子の権勢は、姪の推古天皇の権威を背景にして、更に強まっていった。

しかし、この事件が後の「乙巳《いっし》の変」（中大兄皇子《なかのおおえのおうじ》と中臣鎌足《なかとみのかまたり》が蘇我入鹿《いるか》を誅殺）に繋がっていくことになる。

推古天皇は朝政の全てを皇太子である聖徳太子に委ねられた。その聖徳太子は、「官位十二階」を定め「十七条憲法」を渙発されるなどして、日本の国家としての体制を整えられた。そして神仏習合という思想を打ち出され、仏教を取り入れられた。この御世に、聖徳太子が蘇我氏と協力し、排仏派の物部《もののべ》氏を滅ぼして、仏教の布教を認め、仏教を日本に根付かせるきっかけを作られたのである。

そして、最初の女性天皇・推古天皇即位のあと、皇紀一三〇二年（六四二年）に第三十五代皇極天皇、皇紀一三一五年（六五五年）に第三十七代斉明天皇、皇紀一三五〇年＝持統天皇四年（六九〇年）

に第四十一代持統天皇、皇紀一三六七年＝慶雲《けいうん》四年（七〇七年）に第四十三代元明《げんめい》天皇、皇紀一三七五年＝霊亀《れいき》元年（七一五年）に第四十四代元正《げんしょう》天皇、皇紀一四〇九年＝天平感宝《かんぽう》元年（七四九年）に第四十六代孝謙天皇、皇紀一四二四年＝天平宝字《ほうじ》八年（七六四年）に第四十八代称徳天皇と、百八十年余りの短い間に、六方八代と、女性天皇の即位が集中した。八方十代の女性天皇のうち六方八代と、女性天皇の殆どがこの時期に集中しているのである。

この時代、つまり第三十三代推古天皇から第四十八代称徳天皇までの時代は、中大兄皇子《なかのおおえのおうじ》と中臣鎌足（藤原鎌足）が「乙巳《いっし》の変」を起こし、蘇我入鹿《いるか》を誅殺して蘇我氏を滅ぼし、大和朝廷の朝政を豪族支配から天皇中心の世に戻した。そしてその後、藤原氏を中心とした摂関政治に移行する過渡期に当たっている。

推古天皇が後嗣を定めないで崩御され、蘇我氏の思惑もあって敏達天皇の孫王である田村王（舒明《じょめい》天皇）が即位されたが、その舒明天皇がまた後嗣を決めないで崩御された。そこで舒明天皇の皇后・宝女王《たからのひめみこ》（皇極天皇＝斉明天皇）が中継ぎとして即位され、二人目の女性天皇の誕生となった。

この時代は蘇我一族の権勢が強く、推古天皇にしろ舒明天皇にしろ、ご自身で後嗣を決められる状況にはなかったのである。

皇極天皇＝斉明天皇は、皇極天皇の御世が始まったばかりの時期に、「乙巳の変」が起き、皇極天皇が退位され、皇極天皇の同母弟である孝徳天皇に皇位を譲られた。この時初めて皇位の譲位が行われた。これまでは、皇位は先帝が崩御されたときに、皇太子が自動的に皇位に就かれたが、この時に初めて譲位が行われたのである。

ところが、皇極天皇の後を受けて即位された孝徳天皇が崩御されたとき、半島との関係が一触即発の状況下にあって、しかもこの時の皇太子・中大兄皇子が、実質上朝政を執っておられたので、皇太子ご自身が即位することができなかった。

そこで、先に退位された皇極天皇が斉明天皇として再度即位（重祚）されるという異例の皇位継承が行われた。皇位継承の歴史上初めての重祚であった。


孝徳天皇の御世に、皇太子の中大兄皇子と中臣鎌足が中心となって「大化の改新」が行われ、天皇を中心とした皇親政治が進められる。

そして、鎌足が死去した後は、鎌足の息子の藤原不比等《ふひと》が中心となって律令制度を制定し、律令国家（法治国家）としての体制を整え、これが後の摂関政治へと進化していく。

この間、第二十九代欽明天皇の御世に半島から仏教が伝来し、第三十三代推古天皇の御世からこれを受け入れ、聖徳太子が神仏習合を唱え、日本古来の神道と大陸伝来の仏教とが日本の社会において共存して今日に至っている。その意味では、日本の政治体制と精神文化はこの時代に形成されたと言える。


またこの時代、半島にあった三国の百済《くだら》、新羅《しらぎ》、高句麗《こうくり》のうち新羅が、大陸・唐の軍隊を引き入れて百済を滅ぼそうとしていたので、その百済を救済するために、大和朝廷は百済救援軍を送り出した。しかし、この百済救援軍は唐・新羅連合軍に白村江の戦いで敗れ、半島との関係が大きく変わっていくことになる。

新羅が唐の軍隊を引き入れて百済と高句麗を滅ぼし、統一新羅となった半島は、日本との関係が次第に希薄になっていくと同時に、大陸との関係を深めていくのである。日本は半島への関与が次第になくなり、律令制度を整えて、半ば鎖国状態の中で国造りを始める。

しかし他方では、第三十四代舒明天皇の御世から、遣唐使の派遣が始まり、支那大陸の唐との交流を通じて、唐の文化を取り入れることになった。

重祚された斉明天皇＝皇極天皇は、百済救援軍を派遣するべく筑紫の博多に行幸され、仮宮を設けて、皇太子・中大兄皇子と派兵の指揮を執っておられたが、その間に斉明天皇が突如として崩御された。

斉明天皇の突然の崩御を受け、やむを得ず中大兄皇子が第三十八代天智《てんじ》天皇として即位される。ただし、半島との関係もあり、中大兄皇子は正式には即位しないが、実質は天皇としての役を果たされるいわゆる「称制」を執られた。

この間、「乙巳の変」を切っ掛けとして、中臣鎌足がこれに大きく貢献したことから、鎌足が死去直前に天智天皇から藤原姓を賜り、藤原家が誕生した。そして鎌足の息子の不比等《ふひと》が娘の宮子《みやこ》を第四十二代文武《もんむ》天皇の妃に入れ、初めて天皇の義父という立場となった。

そして宮子が首《おびと》皇子を産まれ、不比等が首皇子（聖武《しょうむ》天皇）の外祖父となり、以後、先の大戦終結までおよそ一千年に亘って、この藤原家の娘がしばしば天皇の母という地位に就き、男子の子孫は摂政・関白という立場で官僚の高い地位をほぼ独占し、摂関政治が行われ、日本の政治に大きく影響を与え続けてきた。

不比等は天武天皇の下で律令国家としての国の体制を確立する上で大きく貢献したが、この時期が前述した通り女性天皇が多数誕生した時期と重なる。

その後、第四十代天武天皇が草壁《くさかべ》皇子を後嗣と定めて（吉野の盟約）崩御された。ところが、天武天皇が崩御された直後に、後嗣と定められていた草壁皇子の一歳年下の異母弟・大津《おおつ》皇子が謀反を起こし、鎮圧されて自害されるという大事件が起き、「吉野の盟約」はあるものの、この段階では後嗣を決めかねる事態となり、天武天皇の皇后で草壁皇子の母である鸕野讚良《うののさらら》皇女（後の持統天皇）が取り敢えず称制して、草壁皇子と協力して朝政を執られた。

ところが、先帝・天武天皇が崩御されて三年後、「吉野の盟約」で後嗣と定められていた皇太子の草壁皇子（二十八歳）が薨去《こうきょ》された。そこで称制しておられた鸕野讚良皇女は持統天皇として正式に即位された。先の皇極天皇＝斉明天皇に続いて三人目の女性天皇の誕生となった。

そして、持統天皇は在位十一年で、薨去された草壁皇子の王子・軽皇子《かるのみこ》（文武天皇）に皇位を譲られ、軽皇子が第四十二代文武天皇として即位された。ところがこの軽皇子（文武天皇）がまた早世（二十六歳）された。その時、軽皇子の王子・首《おびと》皇子（のちの聖武天皇）はまだ幼かったため、先に崩御された文武天皇の母である阿閇《あへ》皇女（阿部皇女）が元明天皇として即位され、四人目の女性天皇の誕生となられた。

その後、元明天皇は首皇子（十五歳）がもう少し成長されるまでということで、更に娘の氷高《ひだか》内親王（元正天皇）に譲位され、五人目の女性天皇として元正天皇が誕生した。

この元正天皇は、母である元明天皇から譲位を受けて即位しておられるので、母から娘へということで女系継承であるという説を唱える人もいるが、氷高内親王の父は草壁皇子であり、その父は天武天皇であるから男系女性天皇である。

女性天皇と女系天皇とは一字違いであるが、全く別の概念である。父を辿ると天皇に行き着き、従って神武天皇に繋がる天皇が男系天皇であり、男系天皇に男性天皇もおられれば女性天皇もおられる。

女系天皇とは、父を辿っていっても天皇に行き着かない天皇であり、言葉としては女系天皇と言っても、実際は「非男系」という意味であり、「雑系」という意味でもある。

皇紀一三八四年＝神亀《じんき》元年（七二四年）、元正天皇の甥（異母弟である文武天皇の皇子）の首皇子が成長され、元正天皇から譲位を受けて聖武天皇として即位される。その後、皇紀一三九八年＝天平十年（七三八年）、聖武天皇は第二皇女の阿倍内親王を皇太子に立てられた。女性皇太子は史上初めてであった。

皇紀一四〇九年＝天平勝宝《しょうほう》元年（七四九年）、聖武天皇は皇太子の阿倍内親王に皇位を譲られて、阿倍内親王が孝謙天皇として即位され、六人目の女性天皇となられた。

残りのお二方は、時代がおよそ八百六十年下って、皇紀二二八九年＝寛永《かんえい》六年（一六二九年）に即位された明正《めいしょう》天皇と、それから更に百三十三年下った皇紀二四二二年＝宝暦《ほうれき》十二年（一七六二年）に即位された後桜町《ごさくらまち》天皇で、いずれも徳川氏の江戸時代である。

この時代は、摂関政治が終わって武家政治の時代になっているが、中臣（藤原）鎌足の末裔《まつえい》である藤原氏の流れを汲む五摂家を中心として、藤原家（公卿）の娘が天皇の皇后・中宮・女御《にょうご》・妃となり、藤原家の者が天皇の外祖父となった時代であった。

途中で平氏の平徳子《とくこ》や源氏（徳川氏）の源（徳川）和子《かずこ》が天皇の皇后や妃となったわずかな例外を除けば、ほとんど藤原氏が天皇の外祖父となる世が続いたのである。例外としては、時折、内親王や女王といった皇族が入内《じゅだい》することがある程度であった。

しかも、この体制はその後も昭和の御世まで、およそ一千年に亘って続く。歴代天皇のお側に常に藤原家の者が寄り添っているという姿が、およそ一千年続くことになるのである。しかも、藤原氏は決して皇位を簒奪《さんだつ》しなかった。藤原王朝は作らなかった。従って、藤原家の歴史は日本の天皇の歴史の裏歴史と言えなくもない。皇位の万世一系はこの藤原氏に負うところが大きかったと言える。

これからの女性天皇の課題

前述した通り、天皇の皇位継承は、天皇の歴史の裏歴史を形成してきた藤原氏、特に五摂家を中心として、「天壌無窮の神勅」を遵守しながら行われてきた。そしてこの間に、女性天皇も八方《かた》誕生された。

天皇の歴史の中で、これまでおよそ一千年の長きに亘って、藤原家が天皇に妃を入れてきたのであるから、逆に内親王に藤原家の者を婿入りさせて、その息子を即位させることはいとも簡単にできた。こうすれば、息子に皇位を継がせることによって藤原王朝を誕生させることができたのであるが、しかし、藤原家はそれを決してしなかった。彼らはこれが天壌無窮の神勅に違《たが》うこととなり、日本の国体を壊すこととなることがよく分かっていたからである。

これをしていれば父を辿ると藤原氏に行き着き、藤原王朝になっていた。とくに、女性天皇が多く誕生した推古天皇からのおよそ二世紀であれば、藤原家の息子を始祖とする藤原王朝は簡単に作れたのである。しかし藤原家はそれをせず、藤原王朝を立てなかった。天皇の万世一系を守った。

藤原家がこれをしなかったから、その後の時の権力者となった平氏、源氏、足利氏、徳川氏なども、これができなかったと言える。だから藤原家が、特に五摂家が天壌無窮の神勅を守って、国体を維持したと言える。つまり、日本の国体である天壌無窮の神勅、天皇の万世一系は、藤原家によって維持されたということができる。

その意味では、藤原家というのは日本の国体護持と極めて密接な関係を持っていた。そしてこれは、「乙巳の変」で貢献した中臣（藤原）鎌足の尊皇の精神がしっかり受け継がれた結果であった。

先の大東亜戦争後に日本を占領し、占領行政を行ったGHQが宮家をなくし、華族制度を廃止させてしまったので、再び天皇並びに皇族と藤原家の縁が繋がることはないであろう。このことが果たして日本にとって良いことなのか、あるいは良くないことなのかは、これから臣民である日本国民自身がよく考えなければならないことである。

昭和の御世になってから初めて、藤原氏に関係のない臣民（臣籍）の正田家が皇太子に妃を入れ、正田英三郎氏が、先の徳仁《なるひと》皇太子（今上陛下）の外祖父となり、今年五月に徳仁皇太子が即位されたので、（故）正田英三郎氏が今上陛下の外祖父となっている。

ここで長く続いた藤原家との縁が一旦切れたことになる。しかも、そのあと更に小和田家が先の徳仁皇太子（今上陛下）に妃（皇后）を入れ、小和田恆氏が現在今上陛下の義父となり、愛子内親王の外祖父となっている。

天皇や皇后、皇族男子の妃の出自は、天皇には直接関係ないのであるが、それでもやはり天皇を支える存在として、何らかの影響はある。藤原家が天皇と無関係になると、少なくとも、天皇を支える長い歴史的な体制は崩壊することになる恐れがある。これは外祖父となった人物なりその周囲なりが、日本の国体というものをよく理解しているかどうかにかかっている。「天壌無窮の神勅」を理解しているかどうかにかかっているのである。

平成二十八年十月二十日、当時の皇后陛下（現・上皇后陛下）が、お誕生日の談話として、宮内庁を通じてお言葉を発表された。このお言葉の中で、以下関連箇所を抜き書きする。

「八月に陛下の御放送があり、現在のお気持ちのにじむ内容のお話が伝えられました。私は以前より、皇室の重大な決断が行われる場合、これに関わられるのは皇位の継承に連なる方々であり、その配偶者や親族であってはならないとの思いをずっと持ち続けておりましたので、皇太子や秋篠宮ともよく御相談の上でなされたこの度の陛下の御表明も、謹んでこれを承りました。ただ、新聞の一面に『生前退位』という大きな活字を見た時の衝撃は大きなものでした。それまで私は、歴史の書物の中でも、こうした表現に接したことが一度もなかったので、一瞬驚きと共に、痛みを覚えたのかもしれません。私の感じ過ぎであったかもしれません」

極めて控えめな表現ではあるが、「天壌無窮の神勅」の本質を突いた、極めて重要なご指摘をなさっておられる。

今回の生前退位問題についてのNHKのスクープは、メディアが皇室に入り込んで、日本の国体を破壊しようとしている姿をよく表している。そして、こうした報道の全てはメディアが行っていることである。また、こうしたメディアを通じて、外国勢力の影響も懸念されるのである。今回は先の皇后陛下のお言葉で問題の拡散が止められ、その意味ではその時の皇后陛下に救われたのであった。

平成二十九年六月九日に成立した「天皇の退位等に関する皇室典範特例法」に「女性宮家創設」も

検討するという付帯決議が盛り込まれた。そこで、これから女性宮家に関しての議論をしなければならなくなった。この決議は先の上皇后陛下のご指摘を完全に無視している。

女性宮家などこれまでの歴史にはないことである。女性宮家を作った場合、女系天皇が生まれることに繋がる。つまり、父親を辿っても天皇に繋がらない、一般男性にしか繋がらない方《かた》が即位される可能性が出てくる。「天壌無窮の神勅」を違えた別系統の王朝が始まることになる。ということは、国体が破壊され日本が日本ではなくなり、二千六百八十年続いた日本の天皇王朝はここに消滅することになる。

世界の主たる王朝は既に消滅しているが、最後に残った日本の天皇王朝もここで消滅することになるのである。日本国民がこれを願っているとはとても思えない。ただ知らないだけである。

イギリス王室が残っているように見えるが、これは万世一系ではない。その意味では、長く続いた王朝ではない。現イギリス王朝は一九一七年（キリスト暦、以下同じ）に始まるウィンザー朝でハノーヴァー朝の後身と見なされている。

そのハノーヴァー朝も一七一四年から一九〇一年まで続いたイギリスの王朝である。その前のステュアート朝も、一六四九年に王のチャールズ一世がオリバー・クロムウェルに公開処刑され、共和制が樹立され、一旦断絶した。その後チャールズ二世が即位し、王政復古したが、紆余曲折の末、一七一四年にアン女王が死去して、ステュアート朝は断絶した。

そしてこのステュアート朝の断絶を受けて、一七一四年にドイツ北部の領邦君主のハノーヴァー家からジョージ一世を国王に迎え入れて成立した王朝である。

従って現イギリス王室は三百年前にドイツから王を迎えて成立したのであり、日本に当てはめれば、半島か大陸から天皇を迎え、その天皇の末裔が今の天皇の祖という話である。ひょっとしたら、外国勢力はこの姿を描いて推進させようとしているのかも知れない。

メディアは開かれた皇室といって、どこまでも皇室の中に土足で入り込んでくる。そして、そこから得た情報を商売のネタにしている。

メディアは一方では、不敬罪がないこと、天皇・皇族には名誉毀損も機能しないから防御できないこと、そして他方では表現の自由に守られていることで、無責任にやりたい放題で、商売をしながら大衆を洗脳する。これに対し、天皇、皇族方はリンチに遭ってジッと耐える以外にないというのが現実である。

数百年後に「あの天皇の時、歴史は変わった」「日本の天皇王朝（王国）はあの時滅んだ」と言われることになるのか。二千六百八十年続いた日本の天皇王朝がなくなって、別な王朝か、あるいは日本共和国が成立しているのであろうか。

教育が子供の思想を形成し、メディアが大人の頭を洗脳する。教育はＧＨＱが強制した東京裁判史観に基づく反日史観でなされ、メディアも全く同じ姿勢で情報を流す。

現在の教育界には外国勢力も介入し、近隣諸国条項などにより教科書一つ独自では作成できなくなっている。教育者もメディアも、殆ど日本の国体を理解していない。理解していないだけでなく、破壊しようとしているものが多い。

しかも、こうした破壊活動をすることが賢い人と見なされる。「国体」、「天壌無窮」という言葉すら、現在では使用されることはない。逆に国体破壊者つまり売国奴が幅を利かせている。「売国奴」という言葉すら全く使用されないことがその証拠である。売国奴だらけであることの証左であろう。売国が普通であり、愛国は「右翼」とか「極右」などと非難され、嘲笑される始末である。愛国＝悪、売国＝善、という風潮が完全に定着している。

国連女子差別撤廃委員会が日本に関して、皇位継承権の男系男子限定は女性差別だとする皇室典範の改正勧告を出そうとしたが、これは外国勢力の干渉の最たるものである。

幸い、外務省の抗議で今回は出されなかったが、このような干渉は更にこれからも続くであろう。

国連をはじめとする国際機関や外国メディアが、皇位継承問題に干渉してきていることは明確である。彼らは日本の根本法である天壌無窮の神勅など壊してしまおうとしている。そのために、まず万世一系を壊し、誰でも天皇になれるように誘導しつつある。女性天皇即位、女性宮家創設、女系天皇誕生などがその手始めになっていることに気付くべきであろう。

しかも、これら外国勢力に日本の学者や政治家、メディアが嬉々として、我先にと追随し、本来極めて単純な皇位継承問題をやたら複雑にしている。今、日本の国体の危機が国民の気付かないところで迫っていると言える。

平成二十八年五月一日、当時の皇太子殿下（現・今上陛下）、雅子妃殿下（現・皇后陛下）がオランダ新国王即位記念式にご招待された。この時、皇太子殿下、雅子妃殿下が最前列中央に並ばれたが、日本のある記者がこれに対して疑問の発言をしていた。この記者は日本の皇室のことを何も知らなかったようである。

複数の国家元首なり王室なりが同席するときは、日本の皇室が序列一位なのである。

これは世界の常識で、存続の歴史の古い順番なのである。しかも一系でなければ続いているとは言えない。日本の天皇が世界の王の中では断突に一番古い。次に古いのがデンマークで一千年余り、次がイギリスで九百年（現実は継続していないので三百年）程度である。

日本国を貶めることに躍起になっている勢力は、一部の外国勢力も含め、天皇を国家元首と認めないが、世界の常識は、天皇が日本の国家元首なのである。天皇を措いて他に、日本の国家元首はどこにもおられない。

この世界的にも貴重な天皇・皇族を、今、日本は自ら捨てようとしているのである。外国勢力もこの動きを奨励する。意味も分からずに捨てようとしているのであるから、国民はこれを理解し阻止しなければならない。

日本を壊したい国内勢力は、日本王朝を潰したい外国勢力に荷担し、天皇の歴史を一千年程度とか、酷いのは八月革命説とか言って、これまでの天皇は昭和二十年八月十五日に革命が起きて潰れ、革命後に即位された昭和天皇が初代天皇となり、今上陛下は第三代天皇であるとか言っている。

一旦捨てたものは、覆水盆に返らずで、二度と造れないことを肝に銘ずべきである。

この現在の、日本の中心である天皇の危機は、つまり日本の危機は、極端な言い方をすれば、女性宮家の創設、それに続く女系天皇の誕生である。これが実現したら日本王朝は消滅し、訳の分からない雑系王朝が誕生する。

以下、これまでの女性天皇ご即位の経緯とその時代背景、そしてその女性天皇の御世にどのようなことが起きたかを、その女性天皇ごとに追ってみる。

女性天皇とその歴史

目次

はしがき …… 3
これまでの女性天皇のあらまし …… 18
これからの女性天皇の課題 …… 30
神功《じんぐう》皇后 …… 44
飯豊《いいとよ》天皇 …… 63
第三十三代　推古《すいこ》天皇 …… 67
第三十五代　皇極《こうぎょく》天皇 …… 97
第三十七代　斉明《さいめい》天皇 …… 112
第四十一代　持統《じとう》天皇 …… 121
第四十三代　元明《げんめい》天皇 …… 139

第四十四代　元正《げんしょう》天皇　152
第四十六代　孝謙《こうけん》天皇　164
第四十八代　称徳《しょうとく》天皇　185
第百九代　明正《めいしょう》天皇　202
第百十七代　後桜町《ごさくらまち》天皇　219
あとがき　229
参考文献
索引

女性天皇とその歴史

神《じん》功《ぐう》皇后

気長足姫命《おきながたらしひめ》（神功皇后）は第十四代仲哀《ちゅうあい》天皇の皇后であったが、仲哀天皇崩御の後、およそ七十年間、仲哀天皇の後を受け、天皇としての務めを果たされた。従って最近まで第十五代天皇として数えられていた。

皇后は皇紀八三〇年＝成務《せいむ》四十年（一七〇年）、第九代開化《かいか》天皇の男系玄孫《やしゃご》・息長宿禰《おきながすくね》王の女王として誕生される。つまり第九代開化天皇の五世孫で皇族である。

⑨開化天皇→彦坐王《ひこいます》→山代之大筒木真若王《やましろのおおつきまわかのみこ》→息長宿禰王→気長足姫命《おきながたらしひめ》（神功皇后）

開化天皇の末裔である息長《おきなが》氏は近江の豪族で、神功皇后は滋賀県米原市の日撫《ひなで》神社に祀られており、明治十五年に米原市の山津照《やまつてる》神社境内で発見された前方後円墳（山津照神社古墳）が息長宿禰王の陵《みささぎ》である。

夫の第十四代仲哀天皇は、皇紀八五三年＝仲哀二年（一九三年）一月十一日、開化天皇の玄孫・息

長宿禰王の娘である気長足姫（成務天皇四十年誕生・二十三歳）を皇后（後の神功皇后）に立てられた。皇后の夫である仲哀天皇は第十二代景行《けいこう》天皇の皇子である日本武尊《やまとたけるのみこと》の第二王子、景行《けいこう》天皇の孫王で、皇紀八五二年＝仲哀元年（一九二年）一月十一日、四十三歳で第十四代天皇として即位された。

先代の第十三代成務天皇まではおよそ八百年あまり、全て先代の皇子が皇位を継いでこられたが、ここで初めて先帝・成務天皇に皇子がなく、先帝の甥に当たる足仲彦《たらしなかひこ》命（『古事記』では帯中日子《たらしなかつひこ》命）が仲哀天皇として即位された。

⑫景行天皇─┬→第二皇子・日本武尊《やまとたけるのみこと》→足仲彦《たらしなかひこ》命（⑭仲哀天皇）→⑮応神天皇（母・神功皇后）
　　　　　　└→第四皇子・⑬成務天皇

皇后は前述の通り、開化天皇の直系の末裔である息長宿禰王の娘であるから皇族で、従って神功皇后を天皇と数えたとしても、女系天皇ではなく男系女性天皇であることに間違いはない。父を辿っていくと天皇に繋がる男系女性天皇である。従って、神功皇后を天皇と見ても、父を辿ると開化天皇に繋がる天皇で、女系天皇ではなく、男系女性天皇である。

仲哀天皇が気長足姫を皇后に立てられて間もない仲哀二年二月六日、天皇皇后両陛下は越前の敦賀に行幸啓され、行宮《かりみや》の笥飯宮《けひのみや》（現在の気比神宮）を建ててお住まいになる。

ところが翌三月十五日、仲哀天皇は皇后と百寮《もものつかさ》（多くの役人）を笥飯宮に留め置かれたまま、南海道の紀伊国《きのくに》に行幸され、徳勒津宮《ところつのみや》（和歌山市）に滞在された。

【熊襲《くまそ》討伐】

ところがこの頃、熊襲が叛いて貢ぎを奉《たてまつ》らなかったという連絡が入る。

先帝の成務天皇が崩御され、しかも成務天皇に皇子（後嗣）がおられない、つまり後継者がおられないということで、大和朝廷は弱体化すると判断した熊襲が、好機とみて貢ぎを送らないで反乱を起こしたのである。

そこで天皇は、熊襲を討つためにすぐに徳勒津宮《ところつ》を発って豊浦宮（山口県下関市）に行幸され、そこに仮宮・穴門豊浦宮《あなとのとゆらのみや》を設けてお住みになった。そして、笥飯宮におられた神功皇后に「すぐにその宮を発ってくるように、穴門で会おう」と詔《みことのり》される。

皇后は詔《みことのり》を承って、直ちに敦賀を出られ、秋七月五日豊浦に着かれ、九月には宮を建ててお住みになった。仲哀天皇と神功皇后はこの地におよそ五年滞在される。

以前、皇紀七四二年＝景行十二年（八二年）に熊襲が叛いたので、これを征伐すべく、その年八月、景行天皇自ら軍を率いて西下され、熊襲討伐をされたが、それからおよそ百年以上、日本武尊が熊襲征伐に下向されてからでもおよそ九十年が経っている。

熊襲としては、天皇がここでまた自ら軍を起こして、かくも迅速に討伐に来られるとは思っていなかったのであろう。

皇紀八五九年＝仲哀八年（一九九年）春一月四日、仲哀天皇は準備を整え、豊浦宮を発って熊襲討伐のため、皇后とともに筑紫に移られた。翌仲哀九年一月二十一日、儺県《なのあがた》（福岡市博多区）に着かれ、橿日宮《かしひのみや》（香椎宮《かしい》）に滞在される。

　秋九月五日、天皇は群臣と熊襲討伐の作戦について協議される。

ところが、この時天皇は、神懸かりした神功皇后からの神託を受けられる。それは「西海の宝の国（新羅《しらぎ》）を授けるから、熊襲討伐は止めて新羅を攻めよ、屹度《きつと》その国は刀に血ぬらないで服従するであろう、さすればまた熊襲も自ずと従う」との神託であった。しかし、仲哀天皇は、見渡しても西にそんな国は見当たらないのでこれを疑われ、神を批判される。そして熊襲を攻めたが勝てなかった。

　そこで、神はまた神託で「天皇がこれを信じないなら、その国は今皇后が妊《みごも》っているその子（のちの応神天皇）に授けよう」と皇后に告げられる。このことから、この時皇后の胎中におられた皇子（応神天皇）は、胎中で既に即位されたという意味で、のちに「胎中天皇」と呼ばれることになる。

　それでも天皇はお告げを信用されなかったので、仲哀天皇は神の怒りに触れ病気になられ、翌仲哀九年（二〇〇年）春二月六日、香椎宮で突然崩御された。

　熊襲討伐の最中であるから、崩御は秘匿《ひとく》され、武内宿禰《たけのうちのすくね》がご遺体を海路穴門を経て豊浦宮に運ばれ、ここで殯《もがり》（仮埋葬）された。

『古事記』によると武内宿禰は「第八代孝元《こうげん》天皇が宇豆比古《うずひこ》の妹の山下影日売《かげひめ》を娶《めと》って産んだ子」とある。そうであれば武内宿禰は皇族である。その後、景行天皇、成務天皇、仲哀天皇、応神天皇、仁徳天皇に仕えた。没年は不詳であるが、『公卿補任』では薨年《こうねん》未詳で二百九十五歳とあり、何代かの襲名が行われたものと思われる。

　神功皇后が受けられた神託には「今攻めたら大した戦《いくさ》をせずとも新羅は自ずと従う」とあり、それをせずに熊襲を攻めたが勝てなかった。ということは、熊襲が強かったということである。つまり、熊襲は筑紫を治めていた強力な国勢力であったことが分かる。

ところで、日本の正史には全く出てこないが、隣の大陸の魏の正史の中の倭人伝（魏志倭人伝）には、「東に『邪馬台国』あり、その王は女帝で卑弥呼という」とある。そして、その国に魏は金印を贈っている。この「邪馬台国」はキリスト暦二世紀から三世紀にかけて存在した国とあるから、皇紀七六〇年から八六〇年にかけての時代ということになる。

とすれば、仲哀天皇が攻めあぐねた熊襲は、じつはこの「邪馬台国」であった可能性が大である。また、新羅《しらぎ》が服従したら、熊襲も自ずと従うとある。邪馬台国が大陸と交流があり、朝貢していたのであるから、その交流は新羅を通ってのことである。だから、新羅が服属すれば自ずと熊襲（＝邪馬台国）も服属するという神託と解するのが正しいであろう。現在主流となりつつある邪馬台国九州説とも符合する。

後のことになるが、この神託に従って神功皇后がすぐに新羅を攻めたので、大した戦《いくさ》もせずに新羅は服属し、併せて他の半島の国である高句麗《こうくり》と百済《くだら》も順次服属した。そして熊襲（邪馬台国）の反乱も治まっている。その後の新羅、百済、高句麗の半島三国はおよそ五百年間日本に服属していた。

この新羅攻めはのちに三韓征伐と言われ、大和朝廷としては大事業であり、大成功ともいえる。従って、これを記念して全国に八幡宮が建立され、すべて神功皇后、夫の仲哀天皇、皇子の応神天皇のお三方《かた》を、御祭神として祀っているのである。

皇紀八六〇年＝仲哀九年（二〇〇〇年）春二月、仲哀天皇は香椎宮で突然崩御されたが、この時は神のお告げを受けての新羅討伐を控え、政務は多忙を極めていた。にもかかわらず、神功皇后は神託に従って、天皇不在のままで新羅討伐の兵を挙げることになった。

仲哀天皇の皇子で、妃の大中姫命《おおなかひめ》（景行天皇の皇子である彦人大兄命《ひこひとおおえ》の女《むすめ》）を母とする麛坂《かごさか》皇子と忍《おし》熊《くま》皇子がおられたが、いずれも立太子はしておられなかった。後に、この麛坂皇子と忍熊皇子は、神功皇后に皇子が誕生したと聞いて反乱を起こすことになる（後述）。

三月一日、皇后は吉日を選んで斎宮に入られ、自ら祭主をお務めになり、仲哀天皇への「新羅を攻めよ」との神託について「どの神がお告げですか」とお尋ねになる。すると、次々と神の名を挙げられる。

皇后は神託に従って、新羅への出兵を決断され、群臣たちに詔して「……上《かみ》は神祇の霊《みたま》を蒙《かかふ》り、下《しも》は群臣の助けにより、軍を起こして高い波を渡り、船団を整えて宝の国に臨む。もし事が成《な》れば群臣は共に功績があるが、事が成らなかったら、自分一人の罪である。既にこの覚悟であるから皆でよく相談せよ」と申された。

（先の大戦終結後、昭和天皇がＧＨＱのマッカーサーに「この度の戦争は全て私に責任がある、みなは私の命令に従ったのであるから彼らには責任は一切ない、私の処遇は貴官にお任せする、どうか国民を飢えさせないでほしい、ここに私どもが所有している有価証券をお持ちしたので、その費用の足しにして下さい」と申し出られた事実に、我が国の国体が太古の昔から変わっていないこと、「君民一体」の日本の国体を見る

ことができる）

　これに対し、群臣は皆「皇后は天下のために国家社稷《しゃしょく》を安泰にすることを図っておられます。敗れて罪が臣下に及ぶことはありますまい。謹んで詔を承ります」と奏上する。

　半年が過ぎた秋九月十日、諸国に令して船舶を集め兵を練られた（軍事演習）。

　そしてまた、皇后は令して「……財を貪《むさぼ》り物を欲しいと思ったり、私事に未練があると屹度《きっと》敵に捕らえられるだろう。敵が少なくとも侮ってはならぬ、敵が多くても挫《くじ》けてはならぬ。暴力で婦女を犯すのを許してはならぬ。自ら降参する者を殺してはならぬ。戦いに勝てば必ず賞がある。逃げる者は処罰される」と仰せられた。

　ここで戦争に関する規範を厳密に課しておられる。現在の戦争法規を既にこの時に神功皇后が兵士に課しておられる。

　時に、偶々《たまたま》皇后は臨月になっておられたので、石を取って腰に挟み、「事が終わって帰る日に、ここで生まれて欲しい」と祈られたと言われている。

　十月三日、神功皇后は住吉大神の神託を受け、お腹に子（のちの応神天皇）を妊《みご》ったまま、筑紫の鰐浦《わにうら》（対馬の北端）から出航し、玄界灘を渡って朝鮮半島の新羅を攻められた。この時、既に対馬は日本領土であったことが分かる。

　国生み神話にも六番目に生まれた島が津島（対馬）とある。

　軍船は順風に煽られ、猛烈な勢いで新羅に達した。この夥《おびただ》しい数の軍船を見た新羅の波沙《はさ》王（第五代王・婆娑尼師今《ばさにしきん》）は、「東に神の国があり、日本というそうだ、聖王があり、天皇という。屹度《きっと》その国の神兵だろう。とても兵を挙げて戦うことはできない」と言う。

この当時はまだ「日本」という名前も「天皇」という呼称もなかったので、『日本書紀』が書かれたときの名前をあてたのであろうと思われる。

婆娑尼師今《ばさにしきん》の姓《かばね》は新羅国初代王の赫居世《かくきょせい》と同じ朴である。

新羅王は白旗を揚げて降伏し、白い綬《くみ》を首に掛けて自ら捕らわれの身となり、地図や戸籍を封印して差し出した。そして、戦わずして降伏し朝貢を誓った。ここで新羅は日本の完全な属国となった。

高句麗・百済もこれを聞いて同様に朝貢を約し、それぞれ内屯倉《うちつみやけ》（日本の朝廷に対する献納地）を設定した。「屹度その国は刀に血ぬらないで服従するであろう」との先の神託の通りとなった。こうして半島三国は日本に服属したのである。

この時、将軍の中には新羅王を殺そうと言う者もいたが、皇后は「神の教えによって金銀の国を授かろうとしているのである。降伏を申し出ている者を殺してはならぬ」と詔された。王の縄を解いて馬《うま》飼《か》いとされ、国に入って重宝の倉を封印し、地図や戸籍を没収された。完全に日本に服属したことを意味している。この史実を日本の歴史は全く無視しているので、日本と半島の古代史は分からなくなっている。

新羅の波沙王は王子の微叱己知波珍干岐《みしこちはとりかんき》を人質として差し出し、金・銀・彩色・綾・羅《うすはた》（網目のように織られた薄地の絹の織物）・縑絹《かとりきぬ》（織り目を密に固く織った絹布）を大量に船に積み、皇后の軍船に従わせた。

この時期から、朝鮮半島の三国（新羅・百済・高句麗）は次々と日本に完全に服属する。日本は半島を併合し、朝鮮半島は日本国となった。

皇紀八六〇年＝仲哀九年＝神功皇后摂政元年（二〇〇年）十二月十四日、神功皇后が帰朝されてすぐ誉《ほむ》田《た》別《わけ》命《のみこと》（応神天皇）が宇瀰《うみ》（福岡県宇美町）で誕生される。

神功皇后は第十四代仲哀天皇の皇后であるが、夫君・仲哀天皇崩御のあと、およそ七十年に亘って天皇として朝政を執られた。従って、皇后を天皇と見なせば、神武天皇が皇紀元年に橿原宮で建国されてから八百六十年経って初めての女性天皇が誕生したことになる。

現在は歴代天皇には数えられていないが、大正時代までは第十五代天皇として扱われていた。

ところで、都には、仲哀天皇と彦人大兄命《ひこひとおおえ》の娘で仲哀天皇の妃となった大中姫命《おおなかひめ》（大中比売命）との間に生まれた皇子に、麛坂《かごさか》皇子とその弟の忍熊《おしくま》皇子がおられた。しかし、このお二人の皇子が即位されることはなかった。まだ即位されるような年齢ではなかったものと思われる。

しかし、後述する通り、神功皇后が三韓征伐からお帰りになり、誉田別命（応神天皇）が誕生されたと分かり、反乱を起こしておられる（後述）ので、ある程度の年齢には達しておられたのであろう。

⑫景行天皇→日本武尊→⑭仲哀天皇
⑫景行天皇→彦人大兄命→大中姫命
⑭仲哀天皇・大中姫命→麛坂皇子・忍熊皇子

もしここで、麛坂皇子と忍熊皇子の兄弟が、反乱を起こしていなければ、お二人の皇子の母は大中姫命だし、皇統の人であるから皇位の継承はどうなったか分からない。

こうして、麛坂皇子と忍熊皇子が薨去されたので、仲哀天皇の皇子は誉田別命だけとなったが、まだ幼いので即位はされず、神功皇后が摂政になられた。『日本書紀』は一貫して摂政としている。

女子が即位するという歴史はこれまでなかったので、皇后が即位するということはなく、摂政になられたのであった。のちに、最初に女性天皇として即位されるのは、第三十三代推古天皇であるが、神功皇后のご存在が推古天皇誕生の先例になったことは間違いない。

皇紀二五四一年＝明治十四年（一八八一年）に日本政府が発行した改造一円札に神功皇后が登場している。それまで紙幣に人物の肖像が載ることはなかったので、皇后は日本の紙幣の顔の第一号となった。それほど日本にとっては重要な女性（皇后）だったのである。

しかし、この史実は、現在は半島との関係で、触れることすらタブーとなっている。だから、日本の古代史が全く分からなくなっているのである。神功皇后の三韓征伐の史実を抜きにしたら、古代の日本と半島との関係が全く分からなくなるのは当然である。

即位された翌年、神功皇后摂政二年二月、皇后は群卿《ぐんけい》百寮《ひゃくりょう》を率いて穴門の豊浦宮（山口県下関市）に移られ、仲哀天皇のご遺体を収めて海路で都に向かわれる。

仲哀天皇の皇子で大中姫を母とする麛坂皇子と忍熊皇子は皇后に皇子が誕生したと聞き、謀反を企てる。母の大中姫は景行天皇の皇子・彦人大兄命の娘であるから、景行天皇の内孫女王であり、その皇子たちは皇族で、皇統の人である。

麛坂皇子と忍熊皇子の二人の皇子は、神意を占うための祭壇を設けて仮の桟敷におられた。そこに赤い猪が急に飛び出してきて桟敷に登って麛坂皇子を食い殺した。これを見た忍熊皇子は慌てて退却して、住吉に移動して陣を張る。その後、山城方面に退却され宇治に移動されるが、そこで武内宿禰との戦いに敗れ、瀬田の渡りで身を投げて自害される。反乱はこうして鎮定された。

二人の皇子はともに父が仲哀天皇で母が景行天皇の内孫・大中姫であるから、立派な皇統の人であり、反乱を起こしていなければ、あるいは反乱を起こしても勝利していれば、皇位を継がれる可能性もあった。

この年十一月八日、皇后は仲哀天皇を河内国の惠我長野西陵《えがのながののにし》に葬られた。仲哀天皇陵（大阪府藤井寺市の岡ミサンザイ古墳、前方後円墳・全長百三十四間：二百四十一メートル）である。

麛坂皇子と忍熊皇子の反乱が鎮圧されて三年が経った皇紀八六三年＝神功皇后摂政三年（二〇三年）春一月三日、四歳になられた譽田別皇子《ほむたわけ》（応神天皇）を立てて皇太子とされる。そして大和の磐余《いわれ》に都として若桜宮（奈良県桜井市谷若桜町）をお造りになる。

ここで譽田別皇子が即位され、神功皇后が摂政になられるということも考えられたが、そのまま皇后が朝政を執られた。年若くしての即位（四歳）ということがこの時代はまだ考えられなかったのかもしれない。後の世であれば三歳の即位でもあり得た。その場合、神功皇后が正式に摂政となられる。

その後、譽田別皇子も成人されたのであるから、成人されたときに皇子の即位は可能であったが、結局、譽田別皇子が実際に即位されるのは皇紀九三〇年＝応神天皇元年（二七〇年）春一月一日で、六十九年間、皇后が朝政を執られた。実際には、ある時期からは母子共同して朝政を執られたが、皇子は称制され、皇子の即位を皇后の崩御後にされたとも考えられる。

神功皇后は神託を受け三韓征伐を成し遂げられた皇后として、絶大なる権威を持っておられたと考えられる。従って、譽田別《ほむたわけ》皇子が成長されるまでの一時期は、神功皇后が天皇であられたとするべきかもしれない。現に大正十五年までは神功皇后は第十五代天皇に数えられていた。

皇紀八七三年＝神功皇后摂政十三年（二一三年）春二月八日、皇太子・譽田別皇子（十四歳）は武内宿禰を従え敦賀の笥飯宮《けひのみや》（気比神宮）に参拝される。

敦賀は皇太子の母・神功皇后が仲哀天皇の勅命を受け、熊襲征伐のために穴門国《あなとのくに》（下関市）へ向かって出港された津（港）であり、また都と北陸諸国を結ぶ北陸官道に面した古来有数の津（港）であった。

皇紀八八〇年＝神功皇后摂政二十年（二二〇年）、大陸では後漢から魏の時代となる。

魏志倭人伝によると、皇紀八九九年＝神功皇后摂政三十九年（二三九年）、倭の女王（神功皇后）は大夫の難斗米《なしめ》らを遣わして帯方郡に至り、洛陽の天子に会いたいと貢ぎを持ってきたので、帯方郡の太守（長官）の鄧夏《とか》が役人を付き添わせて洛陽に行かせたとある。

魏志倭人伝は、大陸の歴史書『三国志』（魏・呉・蜀の三国）中の「魏書」第三十巻東夷伝倭人条の略称である。当時、日本列島にいた民族・倭人（日本人）の習俗や地理などについて書かれている。著者は西晋の陳寿《ちんじゅ》で、呉が滅亡したキリスト暦三世紀末（二八〇年から陳寿没年二九七年の間）に書かれ、陳寿の死後、大陸では正史として重んじられた。

また魏志倭人伝に、翌皇紀九〇〇年＝神功皇后摂政四十年（二四〇年）、魏は建忠校尉《けんちゅうこうい》梯携《ていけい》らに詔書や印綬を持たせて倭国に遣わしたとあり、大和朝廷と魏の交流があったことを記している。皇后は、皇紀九〇三年＝神功皇后四十三年、洛陽に使者八人を遣わし献上品を届けられた。大和朝廷はこの神功皇后の御世に、半島を併合し、大陸・魏との交流を盛んにしていたのである。

それから三年経った皇紀九〇六年＝神功皇后摂政四十六年（二四六年）春三月一日、神功皇后は斯《し》摩宿禰《まのすくね》を半島の卓淳国《とくじゅんこく》（大邱）に遣わされた。

この時、卓淳王・末錦旱岐《まきむかんき》は斯摩宿禰に「甲子《きのえね》の年七月中旬、百済から使い三人が我が国に来て『我が百済王は東の方に日本という貴い国があることを聞いて我らを遣わし、その国に行かせた、しかし未だ交通が開けていないので道が分からなかった』、更に重ねて『もし貴い国（日本）の使いが来ることがあれば、我が国にも知らせて欲しい』と言って頼まれた」という。

以前、皇紀八六〇年＝仲哀九年（二〇〇年）に神功皇后が新羅を攻めて、三韓は既に日本に服属していたが、百済はさして交流がなかったのであろう。新羅を通じての交流であったのかも知れない。

斯摩宿禰は早速、爾波移《にはや》を使いとして百済国に遣わし、その王を労《ねぎ》らわせた。百済の肖古《しょうこ》王（第五代）は大変喜んで使者を歓待され、色染め絹や飾り弓、鉄材など多くのものを献上した。

皇紀九〇七年＝神功皇后摂政四十七年夏四月、百済王は久氐《くてい》、彌州流《みつる》、莫古《まくこ》を日本に遣わし朝貢したが、その時、新羅の使いも一緒に朝貢し、来朝した。

皇后と譽田別命は大いに喜んで「先王の望んでおられた国の人々が今やってこられたか。（先王が）在世になくて誠に残念であった」と言われた。群臣はみな涙を流さぬ者はなかった。ところが、この二国の持参した貢ぎ物を調べたところ、新羅のものは非常に立派だが百済のものは実に粗末だった。事情を問い詰めると、百済の使者は道に迷い新羅に入って捕らえられ、貢ぎ物は奪われて新羅の調《みつぎ》にされたとのこと。皇后は千熊長彦《ちくまながひこ》を新羅に遣わし百済の献上物を汚《けが》したことを責められた。

新羅は日本に服属しておよそ半世紀が経っているが、新羅の不誠実性は既にこの時に判明している。この後、この新羅が日本を裏切って大陸と結んで半島を統一（統一新羅）してから、半島の歴史はほぼこの新羅の歴史となることを思えば、この不誠実さを現在の半島の国が受け継いでいるのであろうか。

皇紀九〇八年＝神功皇后摂政四十八年（二四八年）、半島の正史である「三国史記」の「新羅本記」に、新羅第十代王・奈解尼師今《なかいにしきん》の子・昔于老《せきうろう》のことが記されている。

（なお、『三国史記』は、高麗十七代仁宗《じんそう》の命を受けて金富軾《きんふしょく》らが作成した半島の正史で、三国時代〈新羅・

高句麗・百済〉から統一新羅末期までを対象とする紀伝体の歴史書である。朝鮮半島に現存する最古の歴史書で、一一四五年〈皇紀一八〇五年〉に完成した、全五十巻の歴史書である）

于老は倭の使節を接待した宴席で「そのうちに倭王は塩汲み奴隷に、王妃は飯炊き女になるだろう」と冗談を言った。

これを伝え聞いた倭王が怒り出兵する。これに対し于老は「全て自分の責任」であるとして、息子を連れて倭の陣営に出向き謝罪をする。しかし倭将は許さず、于老を火炙りの刑に処する。この倭将は列島から出掛けていった将軍ではなく、半島の日本府にいた将軍と思われる。

于老は新羅第十代王奈解尼師今の第一王子であり、「三国史記」に「百済との戦いなどで大戦果を挙げたし、兵を慈しみ、兵から慕われた」とある。「兵から慕われた」との評価がある武将は「三国史記」全編を通じてこの于老だけである。これで戦争になっていないから、この時期、倭勢力と新羅とでは国力に絶対的な差があったことが分かる。

新羅では第九代伐休尼師今《ばつきゅうにしきん》から、姓が朴氏から昔氏に移っている。初代は朴氏で第四代脱解尼師《だつかいにし》今《きん》が昔氏で第五代婆娑《ばさ》王からまた朴氏となり、第九代伐休尼師今から再び昔氏となっている。

神功皇后摂政四十七年、新羅が百済の献上物を汚《けが》したことで、皇后はこれを責められ、四十九年三月、荒田別《あらたわけ》と鹿我別《かがわけ》を将軍として派遣し、新羅を討伐し、比自炑《ひしほ》、南加羅、喙国《とくのくに》、安羅、多羅、卓淳、加羅の七カ国を平定した。また、兵を西方の古奚津《こけいつ》にも進め、耽羅（済州島）を滅ぼしてこれを百済に与えた。

この頃から、大和朝廷と新羅との関係が次第に悪化し、百済との関係が緊密になっていく。

皇紀九一二年＝神功皇后摂政五十二年（二五二年）秋九月十日、久氐《くてい》らが千熊長彦に伴われ来朝し、百済の肖古王が鉄剣の七支刀一口と七子鏡を奉った。そして「我が国の西に河があり、水源は谷那《こくな》の鉄山から出ています。……この山の鉄を取り、それをすべて聖朝（日本の朝廷）に奉ります」と奏上する。

神功皇后摂政五十二年九月丙子の条に、百済の肖古王が日本の使者・千熊長彦に会い、七支刀一口、七子鏡一面、及び種々の重宝を献じて、友好を願ったとある。孫の枕流王《とむるおう》も『日本書紀』の中に出てくる。この七支刀は豪族・物部氏の武器庫であったとされる奈良県天理市の石上《いそのかみ》神宮に保管されている。主身に金象嵌《ぞうがん》の文字が表裏計六十一文字記されているが、鉄剣であるために鋳による腐食がひどく、読み取り難い。

皇紀九二二年＝神功皇后摂政六十二年、新羅が朝貢しなかった。神功皇后摂政四十七年には百済の献上物を汚《けが》し、ここでまた朝貢をせず、半島の混乱はここに始まる。神功皇后晩年のことであった。そこで、皇后は葛城襲津彦《かつらぎそつひこ》を遣わし新羅を討たせたが、襲津彦は新羅王の遣わした美女二人に誑《たぶら》かされ、新羅を討たず加羅を討った。加羅の国王・己本旱岐《こほかんき》らは民を連れて百済に逃れ、百済王はこれを丁重に迎えた。

その後、加羅国王の妹が来朝し「天皇（神功皇后）は襲津彦を遣わしましたが、彼は新羅の美女に誑《たぶら》かされて反対に加羅を滅ぼし、民はみな流浪しました。憂え悲しみに堪えず参上しました」と奏上する。事情をお知りになった神功皇后は木羅斤資《もくらこんし》を遣わして加羅を回復させた。一説によると、後に襲津彦はとても許して貰えないことを悟り自決したという。

皇紀九二四年＝神功皇后摂政六十四年（二六四年）、半島の百済では第十四代王貴須王《きすおう》が薨《こう》じ、王子・枕流《とむる》王《おう》（第七代沙伴《さはん》王）が即位した。

しかし、翌皇紀九二五年＝神功皇后六十五年（二六五年）、百済の枕流王がまた即位後一年で薨じた。王子・阿花《あくえ》王が年若く、叔父の辰斯《しんし》（貴須王の弟）が位を奪って王となった。

この年、支那大陸では魏が滅んで司馬炎《しばえん》が新たに西晋を建てる。

皇紀九二九年＝神功皇后摂政六十九年（二六九年）夏四月十七日、神功皇后が稚桜《わかざくら》宮にて崩御される（百歳）。

奈良市の狭城楯列池上陵《さきのたたなみのいけのえのみささぎ》（奈良市山陵町字宮の谷）に葬られた。陵は神功皇后陵である。

神功皇后が崩御された翌年、皇紀九三〇年＝応神天皇元年（二七〇年）春一月一日、皇太子の誉田《ほむた》別《わけ》命が第十五代応神天皇として七十歳で即位され、応神天皇の御世となる。前述のように、誉田別命は胎児の時から天皇であられたという意味で「胎中天皇」とも呼ばれた。

神功皇后とその子・応神天皇の御世はおよそ百十年続き、全国に一万社以上ある八幡神社に、お二人揃って主祭神として祀られており、現在でも国民に親しまれている。

明治以前は、神功皇后は前述の通り、天皇（皇后の臨朝・天皇の代行）と見なされており、十五代天皇に数えられていたが、大正十五年十月の詔書により、歴代天皇から外された。こうなると、この六十九年間は天皇不在の時代ということになる。誉田別命が即位しておられないので、実際は神功皇后が天皇の地位にあられたと考えるべきであろう。

あるいは、誉田別命が成人されたある時期からは、誉田別命が皇太子の立場で即位されないで朝政を執られるという、いわゆる「称制」をしておられたとも考えられる。

いずれにしても、神功皇后と皇太子・誉田別命は母子であり、皇統の人であるから、大きな問題にはなっていない。重要な宮中祭祀をどなたが実施されていたかは定かでない。

皇太子が成人されたある時期からは、二人共同して朝政を執っておられたものと思われる。そして、神功皇后としては次の第十五代応神天皇への長期にわたる中継ぎとしての役割を果たされたともいえる。

神功皇后の御世は、初めに三韓征伐があり、半島が日本の支配下に入って、この時代から半島との関係が生じ、日本の歴史上大きな変化が生じた。新羅、百済、高句麗とそれぞれ違った関係も生まれ、紛争も屢々《しばしば》発生し、複雑な関係が続いていく。

皇紀一四二五年＝天平神護《じんご》元年（七六五年）には、皇朝十二銭の三番目である神功開宝が鋳造されている。称徳天皇の御世、朝廷が発行した通貨が神功皇后に因んだ神功開宝だった。

また、既述したとおり、近代になって明治十六年に発行された日本最初の紙幣十円券の顔が神功皇后である。日本紙幣も最初は肖像ではなかったが、明治十四年発行の「神功皇后札」から本格的に肖像が使われるようになった。明治三十二年に廃止されるまでさまざまな紙幣に神功皇后の肖像画が使われている。

そしてまた、大正十三年からは切手の肖像画としても発行されている。

神功皇后は現在では伝説上の皇后と見なされているが、日本の全土に数万ある八幡神社の御祭神であり、先の大戦以前は政府発行の紙幣の、あるいは切手の肖像画に使用されている。

飯豊《いいとよ》天皇

飯豊天皇は現在は天皇として数えられてはいないが、第二十二代清寧《せいねい》天皇崩御のあとおよそ十ヶ月、天皇として朝政を執っておられた。

忍海部女王《おしぬみべ》（飯豊女王）は、皇紀一一〇〇年＝允恭《いんぎょう》天皇二十九年（四四〇年）に誕生された仁徳天皇の曾孫女王である。仁徳天皇の孫王である市辺押磐皇子《いちべのおしは》の女王として誕生された忍海部女王で、母は葛城蟻臣《かつらぎありのおみ》の女《むすめ》・荑媛《はえひめ》である。葛城蟻臣は葛城葦田《あしだ》宿禰の子である。

また、父の市辺押磐皇子の母は葛城葦田宿禰の女《むすめ》・黒姫で、蟻臣とは兄姉か兄妹である。葛城葦田宿禰は葛城襲津彦《そつひこ》の息子である。

（なお飯豊天皇の忍海部女王は『古事記』では履中天皇の皇女とある）

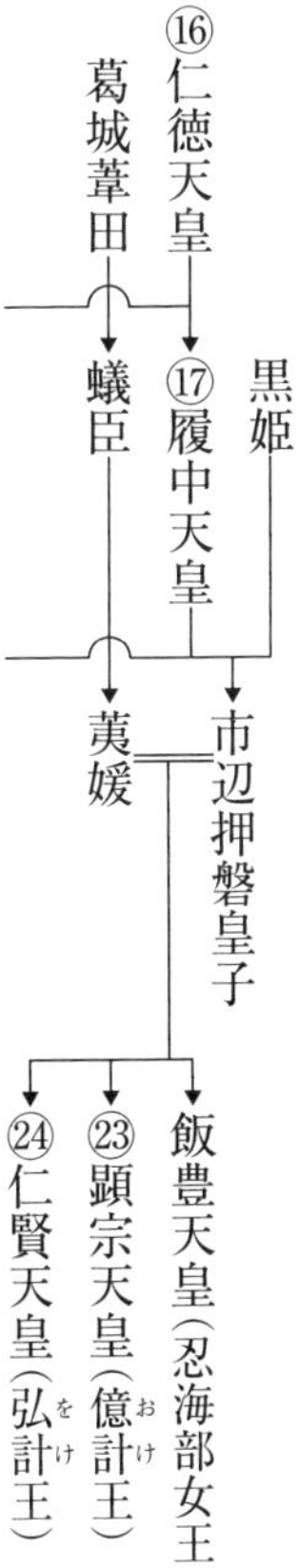

┌→中磯姫命（大草香皇子の妃、のち安康天皇の皇后）
→⑲允恭天皇→⑳安康天皇（母は允恭天皇の皇后・忍坂大中姫）
→大草香皇子→眉輪王（母は履中天皇の皇女・中磯姫命）

皇紀一一一六年＝安康《あんこう》天皇三年（四五六年）八月、第二十代安康天皇が皇后の中磯姫命《なかしひめ》（履中天皇の皇女）の連れ子である眉輪王《まよわおう》によって刺殺された。中磯姫命は大草香《おおくさか》皇子の妃であったが、のち安康天皇の皇后となられた。眉輪王は大草香皇子（仁徳天皇の皇子）の王子で、母が中磯姫命である。

安康天皇は弟の大泊瀬幼武命《おおはつせわかたけるのみこと》（のちの雄略天皇）の妃として、叔父の大草香皇子に、皇子の同母妹である草香幡梭姫《くさかはたびひめ》皇女を妃にしたいということで、根使主《ねのおみ》を使いに出した。大草香皇子は快諾され、その証《あかし》として押木《おしき》の玉縵《たまかずら》を託《ことづ》けた。

ところが根使主はこれが欲しくなって、安康天皇には断られたと嘘を言って讒言《ざんげん》し、押木の玉縵を横領した。安康天皇は根使主の讒言を信じ、腹を立てて大草香皇子を殺してしまう。そして、安康天皇はこれを後悔されたのか、大草香皇子の妃である中磯姫命をご自身の皇后に立てられた。

その後、大草香皇子と中磯姫命の間に生まれた連れ子の眉輪王（七歳くらい）が、自分の父がこの安康天皇に殺されたという事情を知り、ある日、安康天皇を刺殺したのであった。

この大事件があって、安康天皇の弟・大泊瀬幼武命《おおはつせわかたけるのみこと》（雄略天皇）は兄弟も縁者も信じられなくなり、兄弟を次々と殺害され、その後、叔父である市辺押磐《いちべのおしは》皇子をも謀殺された。

市辺押磐皇子が謀殺されたあと、市辺押磐皇子の舎人《とねり》の日下部連《くさかべのむらじ》とその子の吾田彦《あたひこ》は、市辺押磐皇子の王子、億計《おけ》王、弘計《をけ》王の二人を連れて逃亡する。丹後国与謝郡に行き、その後、播磨国明石や三木の志染《しじみ》に身を隠された。

それから、二十五年が経ち、皇紀一一四一年＝清寧天皇二年（四八一年）、朝廷では大嘗祭の供物を調えるために、伊予来目部小楯《くめべおだて》が勅使として播磨に遣わされた。この時、明石郡の縮見屯倉首《しじみみやけのおびと》の家で館の新築祝いがあり、勅使である小楯がこれに招かれた。そしてここで偶然に市辺押磐皇子の王子である億計王、弘計王の二人を発見する。二人はここで働いていたのであった。

清寧天皇に連絡するとたいそう喜ばれ、すぐ都に連れてこられて親王宣下を受けられた。そして、まず兄である億計王が皇太子に立てられる。

皇紀一一四四年＝清寧五年一月、清寧天皇が崩御された。ここで謀殺された市辺押磐皇子（四十五歳）の女王である忍海部《おしぬみべ》女王が飯豊天皇として即位される。億計王、弘計王の同母姉である。

【飯豊天皇の誕生】

皇紀一一四四年（四八四年）二月、清寧天皇の崩御を受けて即位される。

忍海部女王（飯豊天皇）の同母弟で、清寧天皇の皇太子となられた億計王が即位されるはずが、弟の弘計王が縮見屯倉首《しじみみやけのおびと》の館で、名乗り出れば殺される危険があるところを、勇気をもって先に名乗り出て身分を明かしたのであるから、弘計王（弟）が即位すべきであると億計王（兄）が主張し、弘計王は皇太子である兄が即位すべきと言って、互いに譲り合っておられた。

そこで取り敢えず同母姉の忍海部女王が、天皇として朝政を執られたのである。忍海角刺宮《おしぬのつぬさしのみや》（奈良県葛城市忍海の角刺神社《つのさし》）で朝政を執られた。

なお、『古事記』ではこの飯豊天皇は履中天皇の皇女で市辺押磐《いちべのおしは》皇子の妹で、億計王・弘計王の叔母となっている。

即位式はしておられないし、正式に即位されたのかどうかは曖昧であるが、皇統譜には飯豊天皇と明確に記載されている。十ヶ月と短期間であるが、天皇として朝政を執られた飯豊天皇としている。そしてその後、弟の弘計王が顕宗天皇として、次いで兄の億計王が仁賢天皇として即位された。この年十一月、飯豊天皇（忍海部女王）が在位十ヶ月、四十五歳で崩御される。

陵は葛城市北花内の北花内大塚古墳である。『日本書紀』は墓としないで、陵として天皇扱いをしている。全長五十間（九十メートル）の結構大きな前方後円墳である。従って、この当時の人は忍海《おしぬみ》部《べ》女王に天皇として仕えていたことになる。

第三十三代　推古《すいこ》天皇

〔世系二十七　即位三十九歳　在位三十六年　宝算七十五歳〕

神功皇后を初代女性天皇とみれば、二人目の女性天皇である。あるいはまた、飯豊天皇も天皇と数えれば三人目の女性天皇ということになる。しかし、現在では神功皇后も飯豊天皇も天皇には数えられていないので、この第三十三代推古天皇が初代女性天皇とされている。

推古天皇は皇紀一二一四年＝欽明《きんめい》十五年（五五四年）、第二十九代欽明天皇の第二皇女として誕生された額田部《ぬかたべ》皇女で、母は大臣蘇我稲目の娘・堅塩媛《きたしひめ》である。和風諡号は『日本書紀』では豊御食《とよみけ》炊屋姫命《かしきやひめ》、『古事記』は豊御食炊屋比売命《とよみけかしきやひめ》とあり、また「炊屋姫尊《かしきやひめ》」とも称される。

第二十九代欽明天皇の崩御のあと、次の第三十代敏達天皇に続いて第三十一代用明天皇、第三十二代崇峻天皇と兄弟継承が行われた。

その間、大陸から半島を通じて伝わった仏教を取り入れるかどうかを巡って、豪族の蘇我氏と物部氏の崇仏排仏論争が起き、これに皇位継承問題も絡んで（後述）、両者の権力争いに発展する。

そして、蘇我氏と物部氏の抗争がついに丁未《ていび》の乱に発展した。更にその後、蘇我馬子による崇峻天皇弑虐事件が勃発し、皇位継承にただならぬ異常事態が発生した。この事情抜きにして推古天皇の誕生は語れない。

推古天皇にとっては、先々代の第三十一代用明天皇は同母兄で、先代第三十二代崇峻天皇は異母弟に当たる。第三十代敏達天皇は夫であり、異母兄である。

㉙欽明天皇
→㉚敏達天皇（母は宣化天皇の皇女・石姫）
→㉛用明天皇（母・蘇我堅塩媛）
→㉝推古天皇（母・蘇我堅塩媛）
→㉜崇峻天皇（母・蘇我小姉君）

蘇我稲目
→堅塩媛《きたしひめ》→㉛用明天皇、㉝推古天皇
→小姉君《おあねのきみ》→㉜崇峻天皇
→馬子《うまこ》
→石寸名《いしきな》（用明天皇妃）
→境部摩理勢《まりせ》（甥の蘇我蝦夷に殺害される）

なお、蘇我氏は武内宿禰を祖とする。そして、武内宿禰は第八代孝元天皇の末裔である。

孝元天皇……武内宿禰→石川宿禰→蘇我満智→蘇我韓子→蘇我高麗→蘇我稲目

のちに初代女性天皇である推古天皇即位の原因となった、崇峻天皇弑虐《しいぎゃく》事件を引き起こす蘇我馬子は、母方の叔父に当たる。馬子が殺害した崇峻天皇の母は、蘇我稲目の娘・小姉君で、推古天皇の母も蘇我稲目の娘・堅塩媛である。つまり、推古天皇も崇峻天皇も母は蘇我稲目の娘である。欽明天皇は継体天皇の皇子であるが、皇后の他に五人の妃をもたれ、多くの皇子女に恵まれた。

皇紀一二三五年＝敏達天皇四年（五七五年）、第三十代敏達天皇の皇后・広姫（息長《おきながの》真手《まて》王の娘）が薨去され、翌皇紀一二三六年＝敏達五年（五七六年）三月十日、薨去された広姫のあとを受け、額田部皇女（推古天皇）が二十三歳で異母兄に当たる敏達天皇の皇后となられた。この敏達天皇の母は欽明天皇の皇后・石姫である。

敏達天皇の最初の皇后・広姫の父は息長真手王（息長氏）であり、息長氏は開化天皇を祖とする皇別氏族である。近江を支配していたことから、隣国越前から出てこられた継体天皇と何らかの繋がりがあって、息長氏の広姫が継体天皇の孫である敏達天皇の皇后となられたのであろう。広姫は息長氏の一族であるから神功皇后とも同族である。

広姫との間には、後に舒明天皇として即位されることになる田村王の父・押坂彦人大兄《おしさかひこひとのおおえ》皇子がおられた。そして、この田村王（舒明天皇）の母である糠手姫《ぬかでひめ》皇女は推古天皇の姪で、押坂彦人大兄皇子の妃となられ、次の舒明天皇の母となられる。

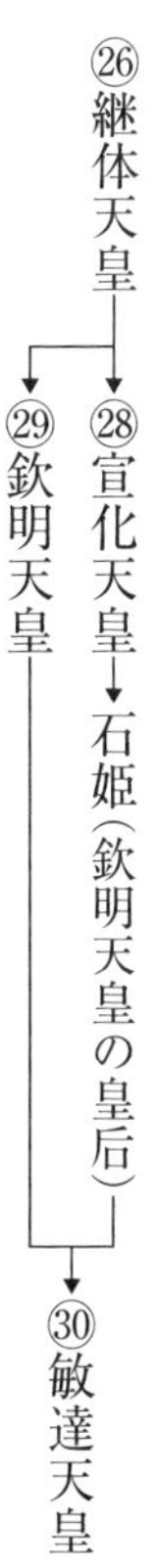

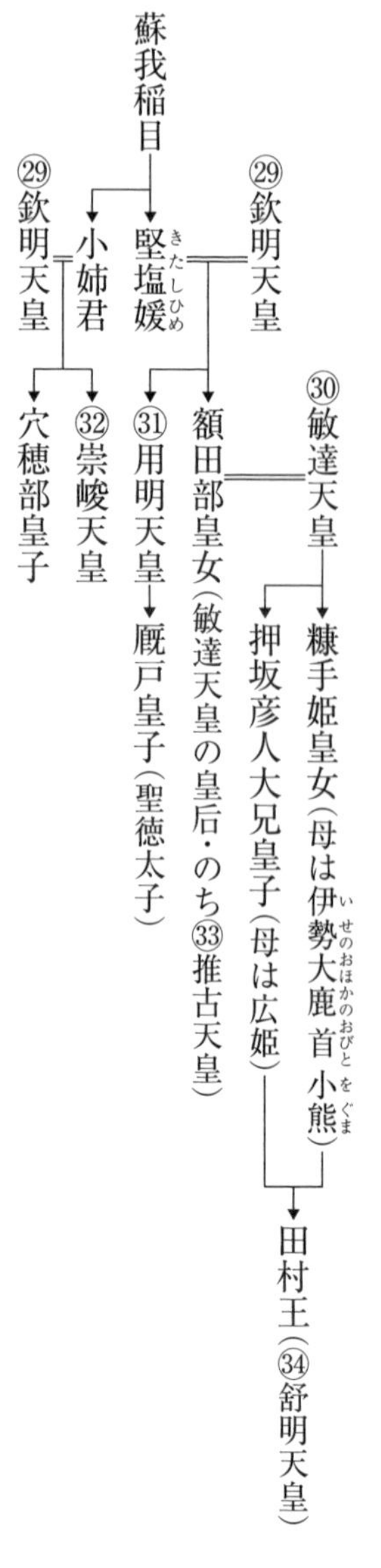

皇紀一二四五年＝敏達十四年（五八五年）八月十五日、夫の敏達天皇が四十九歳で崩御されるが、この時、皇后の額田部皇女（後の推古天皇）は三十二歳であった。

敏達天皇の崩御を受け、この年九月五日、額田部皇女（推古天皇）の同母弟に当たる橘豊日《たちばなとよひ》命が第三十一代用明天皇として四十五歳で即位される。ここで異母兄・敏達天皇からの兄弟承継が行われた。

欽明天皇の皇子で、蘇我稲目の娘・小姉君を母とする穴穂部皇子がおられ、皇位を望んでおられたが、大臣・蘇我馬子の推す橘豊日《たちばなとよひ》命（用明天皇）が即位された。

この背景には穴穂部皇子が、用明天皇元年（五八六年）五月、額田部皇女（炊屋姫・敏達天皇の皇后、後の推古天皇）を犯そうとして、額田部皇女がおられた殯宮《もがりのみや》に押し入ろうとし、先帝・敏達天皇の寵臣である三輪逆《みわのさかう》が門を閉じてこれを拒み、宮に入れなかったという事件があった。穴穂部皇子はこれに対し三輪逆は不遜であるとし、物部守屋に三輪逆を討たせた。

ほかに、敏達天皇の皇子で額田部皇女（推古天皇）を母とする竹田皇子がおられたが、即位されることはなかった。

推古天皇は崩御される直前、群臣に「この頃五穀が実らず、民は大いに飢えている、私のために陵を建てて厚く葬ってはならぬ、ただ竹田皇子の陵に葬れば宜しい」と詔された。

推古天皇の我が子・竹田皇子に対する思いが伝わってくる。

㉚敏達天皇
額田部皇女（㉝推古天皇）
→竹田皇子

以前、第二十九代欽明天皇（推古天皇の父帝）の御世、皇紀一二一二年＝欽明十三年（五五二年）冬十月、百済の聖明王が使者を遣わし、仏像や経典と共に仏教信仰の功徳を賞賛した上表文を献上した。

最初、欽明天皇はこれを受け入れるかどうか群臣に議《はか》られた。この時、蘇我稲目は「西の国は皆礼拝しています、我が国だけがこれに背くべきではありません」と受け入れに賛成し、物部尾輿《おこし》は「我が帝は常に天神社稷《あまつやしろくにつやしろ》の百八十神《ももあまりやそかみ》をお祀りされる、今初めての蕃神《あたしくにのかみ》（佛）を拝むと、恐らく国つ神の怒りを買いましょう」と反対する。

そこで、欽明天皇はこの仏像などを蘇我稲目に授けて試しに礼拝させた。稲目は喜んで小墾田《おはりだ》の邸にこれを安置し、仏道を修める縁《よすが》とする。

この頃から蘇我稲目と物部尾輿とが、仏教を取り入れるか否かを巡って、崇仏排仏論争を始める。

そして、この論争は次の世代の蘇我馬子と物部守屋に持ち越され、これが皇位継承問題にも関わってくる。敏達天皇が崩御されたあと、蘇我馬子は橘豊日皇子（用明天皇）を、用明天皇崩御後は泊瀬部《はつせべ》皇子（崇峻天皇）を皇嗣に推し、物部氏は穴穂部皇子の即位を望んだ。

【用明天皇の崩御】

第三十代敏達天皇は仏教を受け入れられなかったが、次の三十一代用明天皇（敏達天皇の異母弟）はこれを受け入れ、仏に帰依される。しかし、この用明天皇は皇紀一二四七年＝用明天皇二年（五八七年）四月九日、在位わずか一年半余り、四十七歳で崩御される。

用明天皇が崩御され、また皇位継承問題が発生する。蘇我氏らは欽明天皇の皇子の泊瀬部皇子を推し、物部氏は同じく欽明天皇の皇子の穴穂部皇子を立てようとした。

そこで、蘇我馬子は天皇不在ということで先帝・第三十代敏達天皇の皇后であり、姪の額田部皇女（後の推古天皇）を奉じて、用明天皇二年六月七日、穴穂部皇子と宅部《やかべ》皇子（いずれも次の崇峻天皇の同母兄）を攻め滅ぼした（後述）。穴穂部皇子と宅部皇子（宣化天皇の皇子という説あり）を滅ぼす正統性を確保するために、敏達天皇の皇后である額田部皇女（後の推古天皇）を奉じたのであった。正統性がなければ大逆事件となるからである。

この年、用明天皇二年七月、蘇我馬子は穴穂部皇子を次期天皇に推していた物部氏と対立し、ついに「丁未《ていび》の乱」を引き起こす。馬子としては穴穂部皇子と宅部皇子をどうしても即位させたくなかったのであろう。

この戦いで物部氏が敗れ蘇我氏の権勢が増してくる。用明天皇の第一皇子である厩戸皇子《うまやど》（聖徳太子・馬子の甥）も、この戦いでは蘇我馬子とともに闘っている。

用明天皇と推古天皇の同母弟に桜井皇子がおられたが、この「丁未の乱」では物部氏に味方し、敗れて薨去された。

皇位継承問題が絡んだ最後の争いとして、蘇我・物部戦争（丁未の乱）が起き、蘇我氏が勝利して、物部氏が滅んだのであった。

【崇峻天皇即位】

物部氏と、物部氏が推す穴穂部皇子や桜井皇子が排除されて、翌八月二日、欽明天皇の皇子で用明天皇の異母弟・泊瀬部《はつせべ》皇子（崇峻天皇）が即位される。

泊瀬部皇子（崇峻天皇）の母は蘇我稲目の娘・小姉君《おあねのきみ》であるから蘇我馬子の甥に当たる。馬子は穴穂部皇子と宅部皇子を滅ぼすにあたって敏達天皇の皇后である額田部皇女（後の推古天皇）を奉じている。穴穂部皇子と宅部皇子を攻め滅ぼしているので、その大逆事件の責めを負わなくて済むように、甥の泊瀬部皇子（崇峻天皇）に即位を願った。物部氏が滅んだあと蘇我氏の一強時代となっている。皇位継承問題にも馬子が決定的影響を及ぼしている。

用明天皇の崩御を受け、皇紀一二四八年＝崇峻元年（五八八年）八月二日、欽明天皇の第十二皇子の泊瀬部《はつせべ》皇子が第三十二代崇峻天皇として三十四歳で即位される。

泊瀬部皇子（崇峻天皇）は母が蘇我稲目の娘・小姉君で、敏達天皇、用明天皇の異母弟、推古天皇の異母兄に当たり、ここでまた兄弟承継が行われた。

崇峻天皇の御世でも、天皇が大臣・蘇我馬子の推挙があって即位されたことで、即位されたあと政治の実権は馬子が握っていた。この状況に不満を持たれた崇峻天皇が、馬子を排除しようとされたことが、後の崇峻天皇弑虐事件に繋がった。

崇峻天皇は倉梯《くらはし》（桜井市倉橋）に宮をお造りになり、春三月、大伴連糠手子《ぬかてこ》の娘・小手子《こてこ》を妃に立てられる。なお、大伴連糠手子は継体天皇即位に尽力した大伴金村の子である。従って、小手子は金村の孫娘である。

大伴金村→大伴連糠手子→小手子（崇峻天皇の妃）→蜂子《はちこ》皇子（崇峻天皇の皇子）

皇紀一二五一年＝崇峻四年（五九一年）秋八月一日、崇峻天皇は群臣に「新羅に滅ぼされた任那《みまな》を再建したい」と詔される。

群臣も「陛下の思し召しと同じです、任那の官家を復興すべきです」と賛同の意を表明した。そこで冬十一月四日、紀男麻呂宿禰《きのおまろのすくね》、巨勢猿臣《こせのさるのおみ》・大伴嚙連《くい》・葛城烏奈良臣《おなら》を大将軍に任じ、これら各氏族の臣や連を副将、隊長とし、二万余の軍勢を整えて、筑紫へ出兵した。また吉士金《きしのかね》を新羅に、吉士木蓮子《いたび》を任那に遣わして任那のことを問わせられた。外交交渉が行われたのである。

翌崇峻五年二月、天皇は「馬子は、内に私欲を縦《ほしいまま》にし、外は矯餝《きようしよく》（偽り）に似たり。如来《によらい》（佛）の教えを興すと雖《いえど》も、誠に忠義の情無し。これを如何にか為《せ》む」と不満を表明され、詔される（第一一七詔、密勅）。

【崇峻天皇弑虐事件】

皇紀一二五二年＝崇峻五年（五九二年）十一月三日、崇峻天皇弑虐事件が勃発する。

前月十月、猪を献上する者があった。天皇は笄刀《こうがい》を抜いてその猪の目を刺し、「いつかこの猪の首を斬るように、自分が憎いと思っている者を斬りたいものだ」とつぶやかれる。

このことを聞きつけた馬子が「天皇は自分を嫌っている」と警戒し、排除されることを恐れ、逆に部下に崇峻天皇の暗殺命令を下した。東国の調を進めると偽って天皇を儀式に臨席させ、その席で東漢直駒《やまとのあやのあたいこま》に殺害させた。

臣下の者により天皇が弑《しい》されたのは、確定している例では唯一である。しかも、蘇我馬子がその後何らの処罰も受けていない。蘇我馬子の権勢がそれだけ大きかったのである。『日本書紀』には「馬子宿禰、群臣を騙して曰く、今日、東国の調を進める」とある。「乃ち東漢直駒《やまとのあやのあたいこま》をして、天皇を弑せまつらしむ。是の日に、天皇を倉梯岡陵に葬りまつる」とある。馬子が天皇弑虐を素早くやったさまを記録している。

先に述べたように、蘇我馬子は、紀男麻呂宿禰、巨勢猿臣・大伴囓連・葛城烏奈良臣らの大将軍が、軍勢を率いて任那を救うべく朝鮮半島に出兵すべく、筑紫に出向いているところの軍事空白を狙って、事件を起こした。全て馬子の狙い通りになった。出兵の段取りも、これを狙って馬子が行った可能性もある。

この日、十一月三日、殺害された崇峻天皇（推古天皇の異母弟）は在位五年、四十歳で崩御された。

先に任那回復のための軍勢を半島に派遣したばかりであったが、崇峻天皇は筑紫に派遣していた将軍らに早馬を遣わし、「国内の乱れ（天皇弑虐事件）によって、外事を怠ってはならぬ」と遺詔で指示された。

しかし、この遺詔が真実だったかどうかは疑わしい。異常事態で筑紫の軍勢が戻ってくると具合が悪いので、馬子が早急に偽の遺詔を発した可能性が高い。

この天皇弑虐事件が、後に豪族・蘇我氏による政治を終わらせる「乙巳《いっし》の変」と、その後に行われる「大化の改新」に繋がっていくことになる。

馬子に殺害された崇峻天皇には、皇子として蜂子《はちこ》皇子がおられたが、身の危険を感じられ、馬子から逃れるべく、厩戸皇子（聖徳太子）によって匿われて出家され、宮を脱出して、丹後国由良（京都府宮津市由良）から海に出て、船で北へと向かわれた。とても蜂子皇子が父・崇峻天皇の後を継いで即位される状況にはなかった。なお、蜂子皇子の母は大伴小手子（大伴連糠手子の娘）である。

蜂子皇子は、修験道を中心とした山岳信仰の山として知られる羽黒山（山形県）を開山され、続いて月山も開山された。そして湯殿山《ゆどのさん》に湯殿山神社（鶴岡市田麦俣）も創建される。九十一歳で薨去され出羽三山神社に祀られている。この皇子の陵は東北地方で唯一の皇族の陵である。

【推古天皇が最初の女性天皇として即位】

崇峻天皇弑虐事件の翌月十二月八日（皇紀一二五二年＝崇峻五年（五九二年）、先々代の敏達天皇の皇后であった額田部皇女（推古天皇）が、事件の首謀者である叔父の蘇我馬子に請われて、豊浦宮

（奈良県明日香村豊浦）にて即位される。

天皇（敏達天皇）の皇后・額田部皇女が天皇に即位されて、ここで天皇が崩御されたあと、その皇后であった方が即位するという慣習が始まった。弑《しい》された崇峻天皇の皇后ではないが、先々代の敏達天皇の皇后が即位された。

神功皇后がその先例になっていることは明らかであるが、即位の事情は全く異なる。それに神功皇后は現在では天皇に数えられていない。

先々代用明天皇の皇子である厩戸皇子（聖徳太子）が皇太子となられ、蘇我馬子と共に天皇を補佐された。

皇后は三度即位を辞退されたが、百官（役人）も即位を願う上奏文を奉ったので、群臣の願いでもあると悟られ、受諾される。時に皇后は三十九歳で、史上初の女性天皇となられた（神功皇后と飯豊天皇を歴代天皇から除外したとして）。

ここで女性天皇が誕生したのは、天皇弑虐という非常事態を受け、事件当事者である蘇我馬子の思惑もあり、また皇位を巡る争いを避けるためでもあった。それに群臣たちの願いもあったのである。事件当事者である馬子にとっては大逆罪の責任を追及されないように、身内から選ぶ必要があった。額田部皇女は蘇我馬子の三歳年下の姪である。

蘇我稲目─┬→堅塩媛→額田部皇女（㉙欽明天皇の皇女・㉚敏達天皇の皇后・㉝推古天皇）

↓馬子

臣下の者が大逆事件を起こしておりながら、何の罪にも服することなく、しかもその犯人が相変わらず権勢を振るい続けたという、日本の歴史上唯一の事件であった。

こうして日本の歴史上初めての天皇弑虐事件が発生し、日本で初めての女性天皇が誕生したということである。

つまり、ここでこれまでの日本の歴史上で最初の女性天皇が誕生したということは、それだけこの時の日本が異常事態であったということである。

しかも、前述した通り、朝廷軍は紀男麻呂《きのおまろ》宿禰、巨勢猿《こせのさる》臣、大伴囓《くい》連、葛城烏奈良《おなら》臣の大将軍らが、二万余の軍を整えて、半島の任那《みまな》を救うべく、新羅討伐のため、筑紫へ出兵していた。都には軍事力がなく完全な軍事空白の状況であった。馬子が新羅と通じていたかどうかはともかくとして、軍事空白を作り出していたともいえる。

推古天皇は即位と同時に、同母兄・用明天皇の皇子である甥の厩戸皇子（聖徳太子）を皇太子とされ、太子は馬子と共に天皇を補佐された。推古天皇の母が蘇我稲目の娘・堅塩媛であり、厩戸皇子の祖母も同じ堅塩媛で、ともに母方は蘇我系である。

㉙欽明天皇
（堅塩媛）
↓㉛用明天皇→厩戸皇子（聖徳太子・㉝推古天皇の皇太子）
↓額田部皇女（㉚敏達天皇の皇后・のち㉝推古天皇）

即位された天皇（推古天皇）は新宮として小墾田宮《おはりだ》を造営し、ここに都を遷された。その現在の所在地は奈良県高市郡明日香村豊浦である。

ご在位中の殆どの期間、皇太子の厩戸皇子（聖徳太子）が朝政を執られたが、皇紀一二八二年＝推古天皇三十年（六二二年）二月二十二日に、その皇太子の厩戸皇子（四十九歳）が薨去された。結局、推古天皇は太子（聖徳太子）に皇位を譲られることなく、崩御されるまで天皇の地位にあられた。

欽明天皇の皇子が敏達天皇、用明天皇、崇峻天皇と三代続いたあと、叔父の蘇我馬子が天皇弑虐事件を起こし、そのために同じく欽明天皇の皇女であり、敏達天皇の皇后であられた額田部皇女が、叔父の蘇我馬子に請われて、推古天皇として即位されたのであった。

蘇我馬子は「天皇弑虐事件」という大逆事件を起こしながら、何らの罪にも服していないが、罪を着せられないように、自分の姪に当たる三歳年下の額田部皇女（推古天皇）を天皇に立てたのであった。

しかし、馬子は天皇を弑して、自らが皇位に就いて、皇位を簒奪《さんだつ》するということはしていない。「皇位は万世一系でなければならない」、「天皇は天照大神の子孫《うみのこ》（皇統の人）でなければならない」という意識は持っていたのであろう。「天壌無窮の神勅」は守られ、蘇我王朝にはならなかった。

推古天皇は即位して間もない夏四月十日、用明天皇の第二皇子で甥の厩戸皇子（聖徳太子）を摂政に任命される。

近代になって、皇紀二五八一年＝大正十年（一九二一年）、大正天皇の皇太子・裕仁《ひろひと》親王（昭和天皇）が摂政宮に就かれたのに類似するが、この場合、摂政宮に就かれた厩戸皇子が即位されることなく先に薨去された。

天皇は「朕は女人《をみな》なり。姓《さが》、物《ことわり》を解《わきま》へず。宜しく天下の政《まつりごと》は、皆太子に附《さず》くべし」と詔（推古元年四月、第一二八詔）され、皇太子に万機を摂行させられた。

通常、摂政は、天皇が幼いか、ご不例（病）があって朝政が執れない状況の時に任じられる。

推古天皇の場合、これらいずれにも該当しないので、厩戸皇子（聖徳太子）は正式には即位しないで天皇としての朝政を執られる「称制」に近い立場で、天皇を補佐されたものと考えた方が実態に合っている。


この時、太子は十九歳で、即位できない年齢ではなかったが、「天皇弑虐事件」直後であり、蘇我馬子の意向も大きく影響していたと考えられる。馬子が推古天皇を上手く利用したと考えられ、従って、それだけ馬子の存在が大きかったといえる。


推古天皇は即位後間もない皇紀一二五三年＝推古元年（五九三年）春一月十五日、仏舎利を馬子の創建した法興寺仏塔の心礎の中に安置される。法興寺は飛鳥寺ともいい、奈良県明日香村にある蘇我氏の氏寺で、日本最古の本格的寺院である。

そしてこの法興寺（飛鳥寺）に続いて、難波の荒陵《あらはか》（茶臼山）に四天王寺の建立を開始される。蘇我・物部戦争の折に戦勝祈願され、神に誓われたことを実行された。

そしてまた、安芸（広島県）には安芸国一宮として宗像《むなかた》三女神を御祭神とする厳島《いつくしま》神社を建立される。宗像三女神とは市杵島姫《いちきしまひめ》命、田心姫《たごりひめ》命、湍津姫《たぎつひめ》命の総称である。

天皇は、飛鳥寺、厳島神社を創建され、聖徳太子の考えられた神仏習合を実践された。

こうした経緯があり、また聖徳太子の父・用明天皇が仏に帰依されたことで、日本はこの推古天皇の御世に、国として仏教を取り入れることになった。そして各地に寺が建立され、仏教が次第に日本に根付いていく。

天皇は皇紀一二五四年＝推古二年春二月一日、「三宝（仏・法・僧）を敬うべし」との詔を渙発される。太子や馬子と共に仏法興隆に努め、斑鳩《いかるが》に法隆寺を建立される。臣《おみ》や連《むらじ》たちも、競って仏舎を建てたが、これが後の寺である。この時期から日本各地に寺が創建され、仏教が普及し始める。

仏教は第二十九代欽明天皇の御世に、半島を通じて伝えられ、次の第三十代敏達天皇の御世には排斥されたが、次の第三十一代用明天皇が仏に帰依され、第三十三代推古天皇の御世に認められた。各地に寺が創建されてからは、仏教が日本に定着するようになった。

翌年皇紀一二五五年＝推古三年五月十日、高句麗の僧・恵慈《えじ》が帰化し、皇太子はこれを師とされた。この年、百済の恵僧《えそう》も来朝している。

皇紀一二六三年＝推古十一年（六〇三年）二月三日、「来目《くめ》皇子の薨去を悼み給ふの詔」（第一一九詔）を発せられる。

以前、崇峻天皇四年に任那を滅ぼした新羅を討つべく、紀男麻呂宿禰、巨勢猿臣、大伴囓連、葛城烏奈良臣ら大将軍を筑紫に派遣していたところ、蘇我馬子が天皇弑虐事件を起こしたために新羅征討ができなかった。

そこで前年の推古天皇十年二月、再度新羅を討つべく、来目皇子（皇太子厩戸皇子の弟）がその征新羅大将軍に任じられ、軍二万五千を授けられ、四月に来目皇子はその軍を率いて筑紫国に下られたのであった。

ところが、筑紫に屯営しておられた六月に、皇子は病に罹られて新羅への侵攻が延期された。しかし病は回復せず、そのまま翌年の推古十一年二月四日、筑紫にて薨去された（日付が先の詔と若干食い違っている）。

皇子は周防の娑婆（山口県防府市桑山）で殯《もがり》し、土師猪手《はじいて》がこれを管掌した。先に、崇峻天皇の御世に、新羅討伐の軍を派遣したが、天皇弑虐事件が勃発して未完に終わっていた新羅討伐を、再度ここで実施されたのであるが、来目皇子の薨去により、再び派兵できず、ついに新羅征討は頓挫してしまう。

天皇は皇紀一二六四年＝推古十二年（六〇四年）春一月一日、前年暮れに定めた冠位十二階を諸臣に賜る。

またこの年、推古十二年夏四月三日、皇太子（聖徳太子）自らがお作りになった「十七条憲法」を渙発される。政務を執る官僚達に対する道徳的指針を定められた。

皇紀一二六五年＝推古十三年（六〇五年）夏四月一日、天皇は諸王、諸臣に詔され、共に等しく誓願を立てることとし、丈六《じょうろく》（一丈六尺、四・八メートル）の仏像を各々が一体造り始める。鞍作鳥《くらつくりとり》に命じて、造仏の工《たくみ》（造仏担当者）とされた。この時、高句麗の大興王は天皇が仏像をお造りになると聞いて、黄金三百両を奉った。一両を四十グラムとして十二キログラムである。

冬十月、皇太子は斑鳩宮《いかるが》（奈良県生駒郡斑鳩町）に移られる。

皇紀一二六六年＝推古十四年（六〇六年）夏四月八日、丈六の仏像が完成し、元興寺（飛鳥寺）に収められる。この日、斎会《さいえ》（食事を供する）を催し、参集した人は数知れずであった。そしてこの年から、四月八日に灌仏会《かんぶつえ》、七月十五日に盂蘭盆会《うらぼんえ》の斎会が催されることになった。

五月五日、「鞍作鳥を賞し給ふの詔」（第一二一詔）を発せられる。造仏の工《たくみ》としてよく働いたから賞された。

秋七月、天皇は太子に播磨国の水田百町歩（百ヘクタール）を贈られる。しかし、太子はこれをそのまま斑鳩寺（法隆寺）に献納された。兵庫県揖保郡太子町の名にこの史実が残され、以前この一部は斑鳩町であった。そして皇紀二六一一年＝昭和二十六年（一九五一年）四月一日、斑鳩町と石海《せっかい》村《むら》・太田村が合併し、太子町が誕生したという経緯がある。

皇紀一二六七年＝推古十五年（六〇七年）、天皇は皇太子や蘇我馬子と共に仏法の布教に努め、斑鳩に木造建築物としては世界最古の法隆寺を完成させる。前年聖徳太子が播磨国の水田百町歩を献納しているので、法隆寺の財政基盤は整っていた。

完成した法隆寺は、推古天皇の御世に開花した飛鳥文化を代表する建造物である。

この年二月一日、壬生部《みぶ》が設けられた。皇子の経済的基盤が壬生部として一括して設定されるようになり、個々の皇子ごとに一つの部が立てられることはなくなった。

二月九日、「神祇祭祀の詔」（第一二二詔）が発せられ、「古来我が皇祖の天皇たちが世を治め給うのに、謹んで厚く神祇を敬われ、山川の神々に祀り、神々の心を天地に通わせられた。これにより陰陽相和し、神々のみわざも順調に行われた。今、我が世に於いても神祇の祭祀を怠ることがあってはならぬ。群臣は心を尽くしてよく神祇を拝するように」と詔された。これは今の世に最も重要視すべき詔である。この時の群臣は、今では役人（公務員）にあたるが、神祇を拝するような心は全くない。嘆かわしい限りである。

二月十五日、皇太子・聖徳太子と大臣が百寮（役人）を率いて神祇を祀り拝された。法隆寺を創建され、仏教の普及に尽力されると同時に、古来の日本の神々をも祀りこれを拝して、聖徳太子の神仏習合を実践される。ここに日本の宗教思想の根本が形成された。

現在はＧＨＱが神道指令を発し、神々を祀ることを禁じてからは、政教分離とか言って、政府も国民もこの宗教思想の根本を排除している。

これでは日本が栄えることはないのであって、ただ天皇陛下が、国民に成り代わって、神々に祈り拝して下さっているから救われているということに、気づくべきであろう。

秋七月三日、天皇は第二回遣隋使として、大礼（冠位十二階の第五）の小野妹子《いもこ》を大唐（隋）に遣わされる。妹子は聖徳太子の「日出づる処の天子、日没する処の天子に書を致す。つつがなきや」で始まる有名な国書「隋の煬帝《ようだい》に贈り給へる國書」（第一二四詔）を携えて隋に渡る。鞍作《くらつくりの》福利《ふくり》が通訳を務めた。

この年、大和に高市池・藤原池・肩岡池・菅原池を造る。また、山城国栗隈《くるくま》（宇治市）に大溝を掘り、河内国に戸苅池《とかりいけ》・依網池《よさみいけ》を造り、国ごとに屯倉《みやけ》を置いた。

皇紀一二六八年＝推古十六年（六〇八年）夏四月、小野妹子らが隋から、使人・裴世清《はいせいせい》を伴って帰朝する。

このとき小野妹子が隋の国書を帰途途中で紛失するという失態を犯すが、この間の事情はよく分かっていない。天皇がご覧になる必要はないと判断し、妹子が敢えて紛失したことにしたとの説もある。

妹子のこの失態に対し、配流にすべきとの意見も多かったが、天皇は六月十五日、小野妹子の罪を赦し給ふの詔「妹子、書《ふみ》を失うと雖も、輙《たやす》く罪すべからず。それ大国《もろこし》の客など聞くこともまた不良《さがなし》」（第一二三詔）を発せられ、これを許された。そして難波の高麗館の近くに、隋の使人・裴世清らのための新しい館を造られた。天皇は妹子を処罰することは、相手国の大国《もろこし》（隋）を利することになると、分かっておられたのである。

八月三日、隋の使人・裴世清らが難波から都に入り、八月十六日、客たち一行は朝廷で饗応された。

隋の家臣である裴世清は返書を持参している。それには、「皇帝、倭王に問う。朕は、天命を受けて、天下を統治し、自らの徳を広めて、すべてのものに及ぼしたいと思っている。人びとを愛育するという心に、遠い近いの区別はない。倭王は海の彼方にいて、よく民を治め、国内は安楽で、風俗は穏やかだということを知った。こころばえを至誠に、遠く朝献してきた懇《ねんご》ろなこころを、朕は嬉しく思う」とあった。

さすがに隋（支那大陸）の煬帝《ようだい》、非常に高飛車な物言いである。しかし、この隋はこの時から十年後の皇紀一二七八年＝推古二十六年（六一八年）、わずか四十年足らずで滅亡している。

九月十一日、裴世清らが五ヶ月滞在し帰国の途につく。

「隋の煬帝に贈り給へる國書」を持たせて、再び小野妹子を大使、吉士雄成《きしのおなり》を小使、鞍作福利《くらつくりのふくり》を通訳として随行させた。高向玄理《たかむくくろまろ》、旻《みん》、南淵請安《みなみぶちじょうあん》ら留学生八人が同行して隋に渡る。

この年、新羅人が多数帰化して来る。天皇はこれを受け入れられた。どこまでも日本は優しい。

皇紀一二六九年＝推古十七年（六〇九年）夏四月四日、肥後・葦北《あしきた》の港に百済の僧と俗人（民間人）を乗せた船が停泊していると、太宰府長官からの通報がある。百済王の命令で呉国に遣わされたが、かの国が争乱で入国できず、帰路に暴風に遭い葦北に漂着したとのことであった。

大陸の隋が乱れていたことがよく分かる。そして、この時から十年弱で隋は滅ぶ。

五月十六日、先に葦北に漂着した百済人を百済に送り返したが、そのうち十一人が途中対馬に着いて、日本に在留したいと願い出たのでこれを許され、飛鳥寺に住まわせた。

九月、隋が混乱して戻れなかった小野妹子らが、一年ぶりにようやく帰朝したが、通訳の福利は帰らなかった。

皇紀一二七〇年＝推古十八年（六一〇年）春三月、高句麗王が僧の曇徴《どんちょう》、法定《ほうじょう》らを奉った。曇徴は五経に通じ、絵具・紙・墨などを作り、水力を用いる臼も造った。

秋七月、新羅の使人・奈末竹世士《なまちくせいし》が任那の使人・大舎首《おおやのおびと》智買《ちばい》と筑紫に来る。

九月、天皇は人を遣わして新羅・任那の使者を呼ばれた。客人達は天皇に拝謁し、その後それぞれ饗応を受け、それぞれに賜物を賜った。そして三ヶ月滞在して十月二十三日、帰途についた。

新羅、任那の客人達が帰国した翌年皇紀一二七一年＝推古十九年秋八月、新羅と任那がそれぞれまた使いを遣わし調を奉った。

皇紀一二七二年＝推古二十年（六一二年）、百済から日本を慕ってくる者が多かった。中には呉風の橋の築造とか呉の伎楽《ぎがく》をよくする者など技能者も多くいた。伎楽士の味摩之《みまし》は帰化した。技能者をよく遇する日本に憧れて帰化したのである。この日本の風土は今に至るも変わらない。大陸や半島と違って労働蔑視の思想は日本にはない。

秀吉の朝鮮出兵の時に連れてこられた半島の捕虜たちも、技術者の多くが帰国しないで日本に帰化している。

皇紀一二七三年＝推古二十一年冬十一月、掖上《わきがみ》池・畝傍《うねび》池・和珥《わに》池を造り、また難波から都（飛鳥）に至る大路（竹田街道）を開設した。『日本書紀』には「難波（大阪）より京（飛鳥）に至る大道《おおじ》を置く」とある。

皇紀一二七四年＝推古二十二年（六一四年）六月十三日、天皇は犬上君御田鍬《みたすき》・矢田部連を隋に遣わす。隋はこの時期反乱が相次ぎ混乱していた。犬上君御田鍬（官位は大仁）は大和朝廷の外交官として最後の遣隋使および最初の遣唐使を務めた。犬上氏は日本武尊の子・稲依別王《いなよりわけ》の後裔で近江国犬上郡発祥の豪族である。

八月、大臣・蘇我馬子が病に陥り、その病気平癒祈願のために男女千人を出家させた。蘇我馬子の権勢の大きさを示している。推古天皇の伯父という蘇我馬子が、大逆事件を起こしておりながら、その権勢益々強く、異常な世が続いている。

皇紀一二七五年＝推古二十三年（六一五年）秋九月、犬上君御田鍬、矢田部連が随から一年三ヶ月ぶりに帰朝し、百済の使いが付き従った。隋が混乱していて、帰朝が遅れたのである。

十一月十五日、高句麗の僧・恵慈が、聖徳太子の著した仏教経典の注釈書『三経義疏《さんぎょうぎしょ》』を携えて高句麗へ帰国した。恵慈は二十年前の推古三年五月、日本に帰化し太子の師となっていた。

皇紀一二七六年＝推古二十四年春三月、掖久《やく》（屋久島）の人が三人帰化してきた。そして五月に七人、秋七月に二十人、前後合わせて三十人が帰化し、全て朴井《えのい》（岸和田市）に住まわせた。

秋七月、新羅が奈末竹世士《なまちくせいし》を遣わし仏像を奉った。

この年、河内に狭山池が造られる。樋管に使われた木材が年輪年代測定法で測定して年数が判明し、この時代という確定がなされた。池に使用された木樋がこの年に伐採されたものであることで確認されている。

皇紀一二七八年＝推古二十六年（六一八年）秋八月一日、高句麗が使いを遣わし国の産物を奉った。そして「随の煬帝が三十万の軍を送って我が国を攻めましたが、我が軍に敗れ、ここに捕虜二人、鼓吹《つつみぶえ》・弩《おおゆみ》・石弓の類十種と国の産物、駱駝一匹を奉ります」と上奏する。

隋が滅亡し遣隋使はここで終わる。隋の煬帝が殺害されて隋が滅び、李淵《りえん》が隋の恭帝《きょうてい》から禅譲を受けて即位（高祖）し、唐を建国した。ここで大陸では隋から李淵の唐に王朝が変わった。

天皇はこの年、河辺臣を安芸国に遣わし、船を造らせた。

皇紀一二八〇年＝推古二十八年（六二〇年）、聖徳太子と蘇我馬子が「天皇記」「国記《くにつふみ》」、臣・連・伴造・国造、その他多くの部民・公民らの「本記」を記録し、献上した。

皇紀一二八一年＝推古二十九年二月、聖徳太子が病に罹られ、天皇は「田村皇子を遣わし聖徳太子の病を問はせ給ふの勅」（第一二七詔）を発せられる。


【聖徳太子の薨去】


皇紀一二八二年＝推古三十年（六二二年）二月二十二日、朝廷の政務を執っておられた皇太子・聖徳太子（厩戸皇子）が薨去され、磯長《しなが》陵（大阪府太子町）に葬られる。四十九歳であった。「日も月も光も失い、天地も崩れたようなものだ。これから誰を頼みにしたらよいのだろう」（『日本書紀』）と皆が悲嘆に暮れた様子が書かれている。

その四年後には蘇我馬子も死去するが、聖徳太子が薨去され、物部氏・大伴氏が没落したあと、蘇我氏を抑える者がなくなり、蘇我一族の権勢は天皇・皇族を凌《しの》ぐほどになる。

皇太子・聖徳太子が即位されることなく、若くして蘇我馬子より先に薨去され、この後の皇位継承に重大な影響が出る。朝政の殆どを太子が執っておられたが、これからは天皇お一人でなさることとなる。

この年、新羅は奈末伊弥買《なまいみばい》を遣わして朝貢し、書を奉って使いの旨を上表（臣下のものが天皇に文書を奉る）した。新羅の上表はこの時（推古天皇の御世）に始まった。伊弥買は等級十一位の奈末で、さして高位ではない。

皇紀一二八三年＝推古三十一年（六二三年）秋七月、新羅は奈末（官位十一位）智洗爾《ちせんに》を、任那は達率《たつそつ》（二品官）奈末智《なまち》を日本に遣わし、共に仏像一体及び金塔と舎利を奉った。この頃また、唐の学問僧の恵済・恵光、医者の恵日・福因らが、新羅の智洗爾に伴われ来朝する。隋が滅んで唐が建国されて五年が経ち、大陸も何とか落ち着きを取り戻したのであろう。

またこの年、新羅が任那を討ち任那を併合した。日本に服属している半島の国・新羅が隣国任那を併合したということは日本に対する反逆であった。そこで天皇は大徳・境部臣雄摩呂《おまろ》を大将軍に任じ新羅を討った。新羅王は大軍が来ると聞き、恐れて降伏を願い出たので、将軍らは語り合って上奏し、これが許された。

以前、欽明天皇の御世に、新羅は日本の官家《みやけ》の人たちを大虐殺の末滅ぼしていることもあって、新羅と日本との確執が決定的となっていた。しかし、ここでまた日本は新羅を許している。日本の甘さは太古の昔から今に至るも変わっていないようである。

またこの年、春から秋にかけて長雨で、洪水もあって五穀は実らなかった。

【僧の殺人事件と僧の国家管理】

皇紀一二八四年＝推古三十二年（六二四年）四月三日、一人の僧が斧で祖父を撲殺した。天皇は僧尼を推問し給ふの詔「道を修める者も法を犯すことがある。今後、僧正・僧都などを任命して、僧尼を統べることとする」（第一二八詔）を発せられた。

この時から、仏教界も朝廷が管理することとなる。推古三十二年四月十三日、先の詔第一二八詔に続いて、「僧尼を検校《けんぎょう》し給ふの詔」（第一二九詔）を渙発され、仏教界の人事も朝廷が行うこととなった。そして推古十年に百済から渡来した観勒僧《かんろくほうし》を僧正《そうじょう》とし、鞍作徳積《くらつくりとくしゃく》を僧都とし、阿曇連を法頭《ほうず》に任じた。

更に秋九月三日、寺及び僧尼を調査して、各寺の縁起、僧尼の入道の事由、出家の年月日などの詳細を記録した。この時、寺は四十六ヶ寺、僧八百十六人、僧尼五百六十九人、合わせて一千三百八十五人であった。

聖徳太子が薨去され抑えが利かなくなったのか、この年冬十月一日、馬子が葛城県の支配権を望んだ。しかし推古天皇は、「あなたは私の叔父ではあるが、だからといって、公の土地を私人に譲ってしまっては、後世から愚かな女と評され、あなたもまた不忠の徒と謗《そし》られましょう」と言って、この要求を拒絶された。

皇紀一二八五年＝推古三十三年（六二五年）春一月七日、高句麗王は僧・恵潅《えかん》を天皇に奉った。恵潅は僧正に任じられる。僧正は前年の僧の殺人事件を切っ掛けに、僧侶監督のために置かれた。

皇紀一二八六年＝推古三十四年（六二六年）夏五月二十日、蘇我馬子（七十六歳）が死去する。桃原墓（飛鳥石舞台古墳）に葬られた。

この年、春一月に桃や李《すもも》の花が咲き、三月にはまた寒くなり霜が降りる。六月には雪が降り、三月から七月まで長雨が続く異常気象であった。天下は餓え、盗賊が蔓延《はびこ》り、世が乱れた。

皇紀一二八八年＝推古三十六年（六二八年）三月二日、日本列島の東の太平洋上で皆既日蝕があった。これは『日本書紀』に書き記された初めての日蝕記録である。

推古天皇は崩御の前日三月六日、敏達天皇の嫡孫の田村王（舒明天皇）を枕元に呼ばれ、「謹んで物事を明察するように」と諭《さと》され、さらに故聖徳太子の王子である山背大兄王《やましろのおおえ》にも、「他人の意見を容れるように」と誡《いまし》められた。しかし、具体的な後継者の指名はされなかった。別に三月六日、先の内容の詔「田村皇子、山背大兄皇子を諭し給ふの詔」（第一三〇詔）を発せられた。

三月七日、天皇は在位三十六年、小墾田宮《おはりだ》にて崩御される（七十五歳）。聖徳太子が薨去されて六年後のことであった。

聖徳太子が皇位を継がれる予定だったのが、推古天皇より先に薨去されたので、皇位継承の予定が狂ってしまった。

秋九月二十日、天皇の葬礼を行う。先に、天皇は群臣に「この頃五穀が実らず、百姓《おおみたから》は大いに餓えている。私のために陵《みささぎ》を建ててはならぬ。ただ我が子（敏達天皇の皇子・竹田皇子）の陵に葬ればよい」（推古三十六年三月七日、第一三二詔）と遺詔された。この遺詔によって、推古天皇は竹田皇子が眠る磯長《しなが》山田陵（方墳）に合葬された。所在は大阪府南河内郡太子町である。

竹田皇子は敏達天皇の皇子で、母は当時の皇后・額田部皇女、後の推古天皇である。蘇我稲目の孫にあたる額田部皇女（推古天皇）を母に持つ竹田皇子は、早くから皇位継承の有力候補と目《もく》されていた。

そしてこの竹田皇子は蘇我・物部戦争の際には、叔父の泊瀬部皇子（崇峻天皇）、従兄弟の厩戸皇子（聖徳太子）と共に馬子の側について闘っている。しかし、推古天皇即位時には未だ成年に達しておられなかったのか、即位は見送られ、その後間もなく薨去された。

竹田皇子の薨去は推古天皇にとっては、我が子の若くしての薨去であり、その悲しみは、ただ「我が子（竹田皇子）の陵に葬ればよい」との遺詔に表れているだけである。

敏達天皇崩御時にはまだ幼少であったし、異母兄である押坂彦人大兄皇子を擁立する動きもあって即位が見送られ、敏達天皇の異母弟である橘豊《たちばなとよ》日《ひ》皇子が即位（兄弟継承）された。押坂彦人大兄皇子は敏達天皇の皇子で、母は額田部皇女の前の皇后である広姫で、息長真手王の娘である。

後に、この押坂彦人大兄皇子の王子である田村王が第三十四代舒明天皇として即位されることになる。

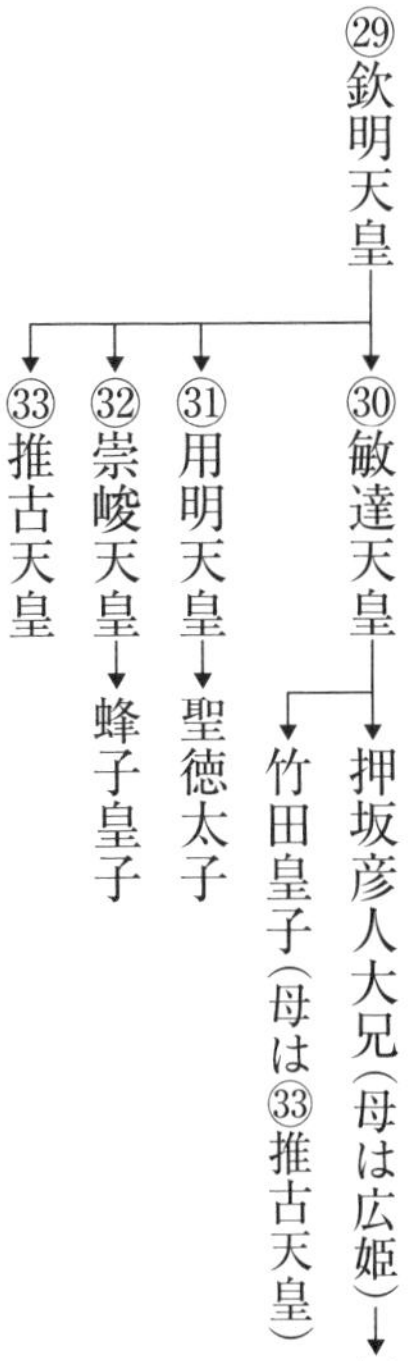

推古天皇が具体的な後継者の指名をされなかったために、後継に関する遺詔を巡って群臣間に争い

が生ずる。田村皇子を擁立しようとする蘇我蝦夷《えみし》（先に死去した馬子の息子）が、推古三十六年（六二八年）、山背大兄王（聖徳太子の王子）擁立派に回った叔父の蘇我境部摩理勢《さかいべのまりせ》を殺害する。

摩理勢は推古八年（六〇〇年）に任那派遣の大将軍に任命された、蘇我馬子に次ぐ蘇我系の重臣であり、蘇我稲目の子・馬子の弟で、蝦夷にとっては叔父にあたる。


蘇我蝦夷は叔父の摩理勢を殺害してまで山背大兄王の即位を妨げようとしている。こうした中で蝦夷から山背大兄王に対して自重を求める意見が出され（半ば脅迫）、皇位は田村王が継承することとなり、翌年の皇紀一二八九年＝舒明天皇元年（六二九年）、田村王が舒明天皇として即位される。敏達天皇のあと、用明、崇峻、推古と兄弟継承が行われたが、ここで敏達天皇の系統に皇位が戻っている（前頁系図参照）。

また山背大兄王（聖徳太子の王子）は、即位を辞退された後に、蘇我蝦夷の子・入鹿に殺害される（後述）。余程、蘇我氏にとっては山背大兄王が不都合な、憎むべき存在だったのであろう。

山背大兄王の母は蘇我馬子の娘・刀自古郎女《とじこのいらつめ》で蘇我系であるのに対し、田村王の母は糠手姫皇女で蘇我系ではない。それなのに、入鹿ら蘇我氏は山背大兄王を退けて、田村王を推している。理由はよく分からない。


この年、東京都最古の寺院・浅草寺が創建された。浅草寺縁起によると、宮戸川《みやこ》（隅田川）で漁をしていた檜前浜成《ひのくまのはまなり》・竹成《たけなり》兄弟の網に仏像がかかった。これが浅草寺本尊の聖観音像《しょうかんのん》であるが、この像を拝した兄弟の主人・土師中知《はじのなかとも》は出家し、自宅を寺に改めて供養した。

欽明朝に半島を通じて入ってきた仏教が、次の敏達天皇の御世では排除され、その次の用明朝に蘇我・物部戦争が起き、物部氏が敗れて公認されることとなった。そして、この推古天皇の御世に聖徳太子の努力もあって、「三宝（仏・法・僧）を敬うべし」との詔も渙発され、天皇は太子や馬子と共に仏教興隆に努め、斑鳩《いかるが》に法隆寺を建立するなどされ、仏教は日本に根付いた。この土師中知の出家が日本に仏教が根付いた証《あかし》でもある。

推古天皇は異母兄の敏達天皇に嫁し、皇后となられた。夫君の敏達天皇が崩御された後、同母兄・用明天皇が即位されたが、病弱でわずか二年弱の在位で崩御される。

その後、異母弟の崇峻天皇が即位されたが、母方の叔父・蘇我馬子がこの崇峻天皇を殺害するという大逆事件を引き起こした。その叔父・馬子から即位を請われ、群臣たちからも是非にと懇願され、不承不承、女子でありながら皇位を継がれた。

群臣たちが（女性天皇の）即位を懇願した背景には、過去においての神功皇后、飯豊天皇が先例となっている。蘇我氏が権勢を振るっているこの状況下で、他に即位できる皇統の人がいなかったということでもある。

推古天皇は同母兄・用明天皇の皇子・厩戸皇子（聖徳太子）を皇太子に立てられ、太子に朝政の一切を任された。内政では冠位十二階を定められ、主として官人の道徳規範を定めた十七条憲法を制定され、外政では半島の騒擾、反乱に対処され、遣隋使を派遣するなどして、大陸との外交関係を築き日本の国威を発揚された。

蘇我馬子の大逆事件を切っ掛けとして、日本で最初の女性天皇（男系）が誕生し、その後、蘇我氏の権勢が強まり、遂に後の「乙巳の変」を経て「大化の改新」へと進み、天皇の皇位継承と日本の政治の大変革が行われることとなった。

推古天皇が後嗣を定めずに崩御され、皇位継承争いが起きるが、結局、蘇我氏も推す田村王（舒明天皇）が即位され、その後、その舒明天皇の皇后がまた皇極天皇として即位されることになる（後述）。

敏達天皇が崩御されたあと、用明天皇、崇峻天皇、推古天皇と母方が蘇我系の天皇が続いたが、ここで母方も皇族の田村王（母は敏達天皇の内親王・糠手姫皇女）が即位されることになり、皇位が敏達天皇の系統に戻ることとなった。

舒明天皇は父方も母方も祖父は敏達天皇である。つまり、田村王（舒明天皇）の父母は異母兄弟である。

第三十五代 皇極《こうぎょく》天皇

〔世系三十　即位四十九歳　在位四年　宝算六十八歳〕

宝女王《たからのひめみこ》（皇極天皇）は、皇紀一二五四年＝推古二年（五九四年）、敏達天皇の曾孫女王、押坂彦人《おしさかひこひと》大兄《おおえ》皇子の孫女王、茅渟《ちぬ》王の第一王女として誕生された。母は欽明天皇の皇子である桜井皇子の女王・吉備姫王《きびひめのみこ》で皇族である。父系、母系ともに欽明天皇の末裔の皇族である。

（父方）㉙欽明天皇→㉚敏達天皇→押坂彦人大兄皇子→茅渟王→宝女王（㉟皇極天皇）
　　　　　　　　　　　　　　　→㉞舒明天皇
　　　　　　　　　　→糠手姫皇女《ぬかでひめ》
（母方）㉙欽明天皇→桜井皇子→吉備姫王（茅渟王妃）→宝女王（㉟皇極天皇）

皇紀一二八九年＝舒明元年（六二九年）一月四日、敏達天皇の孫で、押坂彦人大兄皇子の王子である田村王が、三十七歳で第三十四代舒明天皇として即位される。舒明天皇の母は敏達天皇の皇女・糠手姫皇女である。

舒明天皇が即位される前、用明天皇の第一皇子・厩戸皇子（聖徳太子）の第二王子・泊瀬王《はつせおう》や山《やま》背大兄王《しろのおおえ》（泊瀬王の異母兄）を天皇に擁立する動きがあった。蘇我稲目の子・境部摩理勢《さかいべのまりせ》（馬子の弟）らも山背大兄王を推していた。しかし、泊瀬王は推古三十六年、推古天皇崩御の直前に薨去され、その後、山背大兄王を推していた境部摩理勢も蘇我蝦夷《えみし》に殺害され、田村王が即位された。

山背大兄王は用明天皇（敏達天皇の異母弟）の孫王、厩戸皇子（聖徳太子）の王子で、母は蘇我馬子の娘・刀自古郎女《とじこのいらつめ》である。この山背大兄王も後に蘇我入鹿に攻め滅ぼされる。そして、蘇我馬子の崇峻天皇弑虐事件から始まって入鹿の山背大兄王の殺害までの事件が、後の「乙巳の変」の原因となり、その後の大化の改新へと繋がるのである。

宝女王（のちの皇極天皇＝斉明天皇）は、舒明天皇が即位された翌年の舒明天皇二年（六三〇年）一月十二日、三十七歳で舒明天皇の皇后に立てられた。

舒明天皇との間に、中大兄皇子《なかのおおえのおうじ》（天智天皇）、間人皇女《はしひと》（孝徳天皇の皇后）、大海人皇子《おおあまのおうじ》（天武天皇）が誕生される。天智天皇と天武天皇の母としての存在感が極めて大きい。夫君・舒明天皇崩御後の皇極天皇即位に関係してくる。

皇紀一三〇一年＝舒明十三年（六四一年）十月九日、宝女王が四十八歳の時、夫である舒明天皇が在位十三年、宝算四十九歳で百済宮にて崩御された。

殯宮にて十六歳の開別皇子《ひらかすわけ》（中大兄皇子）が誄《しのびごと》を述べられる。ここで開別皇子が誄を述べられたということは、舒明天皇には蘇我馬子の娘・法提郎女《ほていのいらつめ》を母とする第一皇子の古人大兄皇子《ふるひとのおおえ》がおられたが、やはり皇后である宝女王を母とする中大兄皇子が後嗣として有力視されていたことを示すと考えられる。

【皇極天皇の即位】

崩御された舒明天皇には皇子女として、蘇我馬子の娘・法提郎女《ほていのいらつめ》を母とする第一皇子の古人大兄皇子、宝女王を母とする中大兄皇子（天智天皇）、大海人皇子（天武天皇）がおられたが、後嗣となる皇子が定まっておらず、それにいずれもそれぞれまだ若かった。中大兄皇子は十六歳であった。

本来であれば、第一皇子の古人大兄皇子が即位されるところであろうが、そうなれば天皇の外祖父が崇峻天皇弑虐という大逆事件を起こした蘇我馬子ということになり、さすがに忌避されたものと考えられる。

そこで、舒明天皇の崩御から三ヶ月経過した皇紀一三〇二年＝皇極元年春一月十五日、皇后の宝女王が、取り敢えずの中継ぎに皇極天皇として即位されることになった。

皇紀一三〇二年＝皇極天皇元年（六四二年）一月十五日、皇極天皇は先帝・舒明天皇の崩御を受けて正式に即位される。

夫君で先帝の舒明天皇の父は押坂彦人大兄皇子で、皇極天皇の祖父でもある。舒明天皇から見ると、後を継いだ皇極天皇は姪であり、皇后でもあった。即位された皇極天皇は父を辿ると敏達天皇になり、男系女性天皇である。

㉙欽明天皇→㉚敏達天皇→押坂彦人大兄皇子→茅渟王→㉟皇極天皇（舒明天皇の皇后）
押坂彦人大兄皇子→㉞舒明天皇
㉟皇極天皇＝㉞舒明天皇

舒明天皇崩御の時、中大兄皇子は十六歳、古人大兄皇子は異母兄であるから、少なくとも十七歳にはなっておられたであろう。この当時としては即位されるには少し若すぎるということで、しかも外祖父・馬子の大逆事件もあって、先帝・舒明天皇の皇后である宝女王が即位されたが、やはりここは皇位継承が議論されたものと思われる。そして、とりあえず中継ぎとして、舒明天皇の皇后が即位されることになったのであろう。

中大兄皇子の異母兄・古人大兄皇子の母は蘇我馬子の娘・法提郎女《ほていのいらつめ》で、蘇我馬子は既に死去しているとはいえ、子の蝦夷が馬子の後を継いで権勢を誇っていたから、何方《どなた》を後嗣とするかはすんなりとは決めかねるという事情があったのである。

もちろん、中継ぎとして即位された宝女王は、前述した通り、敏達天皇の曾孫女王であり、押坂彦人大兄皇子の孫女王、そして茅渟王の女王であるから、父を辿ると敏達天皇に行き着き、前述の通り男系女性天皇である。

皇位継承問題を先延ばしして、皇后が中継ぎとして即位される例は、先の推古天皇から始まっている。仲哀天皇の皇后・神功皇后を天皇として数えるのであれば、第十五代応神天皇への繋ぎとして、その母の神功皇后から始まっているともいえる。

皇位継承者を決めがたい事情がある場合に、中継ぎとして皇后が即位されるという皇位継承の形が半ば定着してきている。

在位中は、蘇我馬子の子・蘇我蝦夷が大臣として重んじられ、その子・入鹿《いるか》と共に朝政を担った。

蘇我氏は先帝・舒明天皇（田村王）の即位に尽力したこともあって、蘇我蝦夷・入鹿親子が馬子の後を継いで権勢を振るっている時代である。

皇極天皇が即位されて間もなく、日本の統治下にあった半島三国が混乱してくる。

皇極元年（六四二年）一月二十九日、百済に遣わしていた冠位十二階第三大仁《だいにん》の阿曇連《あずみのむらじ》比羅夫《ひらふ》が筑紫から早馬で帰朝し、「百済王は天皇（舒明天皇）の崩御を聞き、弔使を遣わしましたが、私は葬礼に間に合うよう一人先に戻りました。あの国は今大乱になっています」と報告する。

神功皇后の三韓征伐以来、日本が統治していた半島で大乱が起き、これからこの半島の混乱の中に、日本が巻き込まれていくことになる。この半島の混乱の末、後に斉明天皇（皇太子・中大兄皇子）の御世に起きた白村江の戦いで、この阿曇連《あずみのむらじ》比羅夫《ひらふ》は戦死する。彼は穂高神社若宮に祭神として祀られている。

二月二日、皇極天皇は阿曇連比羅夫・草壁吉士磐金《くさかべのきしいわかね》・倭漢書直県《やまとのあやふみのあたいあがた》を百済の弔使のもとに遣わして国の様子を尋ねさせた。

弔使は、国王の母が死去したこと、弟王子の子・翹岐《ぎょうき》や高位の人ら四十人が島流し（配流）になったことなど告げる。

二月六日、また高句麗の使人が難波津に泊まった。

二十一日、諸大夫たちを難波に遣わし、高句麗の奉った金銀や他の献上物を点検させた。

この使人は、前年秋九月に大臣の伊梨柯須弥《いりかすみ》が、大王の栄留王《えいりゅうおう》ほか百八十余人を殺したこと、宝蔵王を王とし、自分の同族の都須流金流《つするこんる》を大臣としたことなどを報告する。高句麗でも大逆事件が発生し、相当混乱している。

二月二十二日、高句麗・百済の客を難波の郡で饗応された。そして皇極天皇は「津守連大海《つもりおおあま》を高句麗に、国勝吉士水鶏《きしくいな》を百済に、草壁吉士真跡《きしまと》を新羅に、坂本吉士長兄《ながえ》を任那に遣わすように」と大臣・蘇我蝦夷に詔される。半島の情勢が緊張して、日本の朝廷も緊迫の度を増していく。

百済で島流しになった王子の翹岐《ぎょうき》が二月二十四日、来日したので、阿曇連比羅夫の館に住まわせた。

二月二十五日、高句麗と百済の使者を饗応され、二十七日、高句麗の使者、百済の使者が共に帰途につく。高句麗の使者は滞在期間が短く、使節としては扱われなかったと思われる。

三月六日、新羅が先帝・舒明天皇崩御を弔うと同時に、皇極天皇の即位を祝するための使いを遣わす。十五日、新羅の使者が帰途につく。滞在期間が短いので筑紫までしか来ていない。百済と高句麗が使者を遣わしたと聞き、慌てて新羅も使者を送ってきたのであろう。

この年、百済、高句麗、新羅の使者が相次いで来朝している。もちろん、諜報も兼ねての来朝である。

夏四月八日、百済の大使・翹岐《ぎょうき》が従者を連れて皇極天皇に拝謁する。四月十日、蘇我大臣蝦夷が畝傍《うねび》の邸に百済の翹岐を招いて親しく対談した。

五月十六日、百済の弔使の船と吉士の船がともに難波津に着いた。十八日、百済の使者が調を奉った。吉士は帰朝の報告をした。二十二日、翹岐の子どもが死んだ。この時、翹岐とその妻は、子の死んだことを畏れ忌み、どうしても喪に臨まなかった。およそ百済・新羅の風俗では、死者があると父母兄弟夫婦姉妹であっても、自ら見ようとしない。これを見ると、はなはだしく慈愛のないことは禽獣と変わらない。

二十四日、百済の大使翹岐は妻子を連れて、百済の大井（河内長野市太井）の家に移る。人を遣わして、子を石川に葬らせた。

この頃旱《ひでり》が続き、八月一日、天皇が天に祈られると雷が鳴って大雨が降る。雨は五日間続いたといわれ、皇極天皇は徳の高い天皇と評判になる。

秋七月二十二日、百済の使者、大佐平智積らに朝廷で饗応された。そこで力の強い者に命じて、翹岐の前で相撲を取らせた。智積らは宴会が終わって退出し、翹岐の家に行き門前で拝礼した。

二十三日、蘇我入鹿の従僕が白い雀の子を手に入れた。この日の同じ時に、ある人が白雀を籠に入れて蘇我大臣に贈った（祥瑞）。

八月六日、百済の使いの参官らが三ヶ月の滞在を終え帰途についた。そこで大船と諸木船《もろきふね》の三艘を賜った。百済が一番日本の朝廷に忠実であったことから、日本は百済を支援している。

しかし、この日夜中に雷が西南の方角に鳴って、風が吹き雨が降った。参官らの乗った船が岩に当たってこわれた。

八月十三日には、百済の人質・達率長福に小徳（冠位十二階の第二、大徳の下、大仁の上）の位を与える。達率は百済の官位・二品官であるから、百済本国での官位と同じ冠位を与えていることになる。

十五日、船を百済の参官らにまた賜って出航させた。

十六日、高句麗の使者が、二十六日には百済・新羅の使者がそれぞれ帰途についた。

九月三日、天皇は蘇我大臣蝦夷に「百済大寺を造りたい、近江国と越国の公用の人夫を集めるように」と詔される。また諸国に命じて船を建造させた。半島との往来が頻繁になるからである。

九月十九日、天皇は蘇我大臣蝦夷に「宮殿を造りたい、国々に用材を採らせ、また東は遠江まで、西は安芸までの国々から、造営の人夫を集めるように」と詔された。百済大寺の時よりも広域から集めている。

この月二十一日、越国の辺境の蝦夷数千人が帰服した。

十二月二十一日、天皇は小墾田宮《おはりだ》（奈良県明日香村雷丘周辺）に移られた。

この年、蘇我大臣蝦夷は自家の祖廟を葛城の高倉に造営した。この時、百八十余りある部曲《かきべ》（豪族の私有民）を召して使い、しかも太子の養育料として定められた部民をも全て工事に使役した。上宮《かみつみや》大娘《のおほいらつめ》姫王（聖徳太子の娘）が「蘇我臣は国政を縦《ほしいまま》にして無礼な行いが多い、天に二日なく、地に二王はない。何故皇子の封民を使うのか」と憤慨し嘆かれた。後に「乙巳の変」で蘇我一族が滅んでしまう一因となる。

【半島の混乱が続く】

皇紀一三〇三年＝皇極二年（六四三年）二月二十一日、筑紫の太宰府から早馬で「百済王の子・翹岐が調使とともに到着した」と知らせがくる。

四月二十八日、天皇は小墾田宮から飛鳥板蓋宮（奈良県明日香村岡）の新宮に移られた。

六月十三日、筑紫太宰府から早馬で「高句麗が使いを送ってきた」と知らせてくる。群卿《ぐんけい》は語り合って「高句麗は舒明十一年（六三九年）から朝貢しないのに今頃やってきた」という。高句麗も困ったときの日本頼みである。

六月二十三日、百済の朝貢船が難波津に着く。

七月三日、大夫たちを難波に遣わし、百済の調と献上物を点検させた。大夫らは調使に「調は従来の例より少ない、大臣への進物も去年突き返したものと同じである、群卿への品（賜物）もなく、皆前例に合わない、何事か」と問い詰めると、大使らは「早速に用意致します」と言う。

この年冬十月六日、入鹿が父・蝦夷《えみし》から独断で大臣を譲られる。大臣の蘇我蝦夷が密かに子の入鹿に紫冠を授け、大臣の様相にする。「紫冠の授与」は天皇にしかできない行為であり、明らかな越権行為であった。

十月十二日、蘇我入鹿は独断で、上宮（聖徳太子）の王子である山背大兄《やましろのおおえ》王を廃して古人大兄《ふるひとのおおえ》皇子（舒明天皇の第一皇子）を天皇に即位させようと企てる。皇位継承に関する介入であった。

古人大兄皇子の母は蘇我馬子の娘・蘇我法提郎女《ほていのいらつめ》で馬子の外孫に当たる。先帝・舒明天皇崩御の時に、開別《ひらかすわけ》皇子（中大兄皇子）が誄《しのびごと》を述べているので、何となく皇嗣が開別皇子となっていた雰囲気を覆そうと図っているのである。

翌月十一月一日、入鹿はついに山背大兄王を攻め、王は自害して薨去された。入鹿は、蘇我氏の血を引く古人大兄皇子を皇極天皇の次期天皇に擁立しようとするが、有力な皇位継承資格者である山背大兄王の存在が邪魔になり、ついに山背大兄王とその一族を滅ぼしたのである。

山背大兄王子の家臣は入鹿を討つべしと進言したが、山背大兄王は「われ、兵を起こして入鹿を伐たば、勝つことは間違いない。しかし自分一身のために、民を死傷させることを望まない。ゆえにわが一つの身をば入鹿にくれてやろう」と申され、妃ら一族共々自害される。山背大兄王子は戦《いくさ》をして民・百姓に迷惑をかけることを避けられた。

入鹿の父である大臣の蘇我蝦夷はこれを聞き、さすがに「ああ、入鹿の馬鹿者め、悪逆をもっぱらに、お前の命も危ないものだ」と嘆いた。父の蝦夷は事の重大性を理解していた。

十二月二十一日、天皇は飛鳥板蓋宮から小墾田宮（奈良県明日香村の雷丘周辺）に遷幸される。

皇極三年春一月一日、中臣鎌足は神祇伯に任ぜられるが、期するところがあって、これを再三に亘って辞退し、病と称して退去し、摂津三島に住む。天児屋命《あめのこやね》を祖とする中臣氏は、忌部《いんべ》氏とともに神事・祭祀を掌《つかさど》った豪族で、古くから現在の京都市山科区中臣町付近の山階《やましな》を拠点としていた。

中臣鎌足は、蘇我入鹿が君臣長幼の序を弁《わきま》えず、国家を壟断《ろうだん》していることに危機感を抱き、改革の心を開別皇子（中大兄皇子）に寄せる。共に南淵請安《みなみぶちじょうあん》に儒学を学ぶこととし、往復の途上で策を話し合われる。両者の考えは悉《ことごと》く一致した。

中大兄皇子は鎌足の企図に賛同しこれを受け入れ、まず蘇我一族の蘇我倉山田麻呂《くらやまだまろ》の長女・遠智《おちの》娘《いらつめ》を召して妃とされる。ところが、契りの日に遠智娘は一族の者に盗まれ、倉山田麻呂は狼狽し窮地に陥る。その時、次女の姪娘《めいのいらつめ》が「代わりに参ります」と言って中大兄皇子のもとに嫁す。この姪娘が後に御名部《みなべ》皇女と阿閇《あへ》皇女（元明天皇）の二女を産むことになる。御名部皇女は高市《たけち》皇子の正妃となり、長屋王の母となる。

なお、この開別皇子（中大兄皇子）と中臣鎌足の談合を記念し、鎌足をご祭神とする談山神社が桜井市多武峰《とうのみね》に創建されている。

十一月、蘇我入鹿が甘樫丘に邸宅を創建し、自分の子女たちを皇子・皇女と呼ばせた。そして、畝傍山に要塞を築き、皇室行事を独断で代行する。蘇我氏の権勢が入鹿の代で最高潮に達する。祖父の馬子ですら考えなかった事であるが、入鹿は本気で天皇になろうとしたのかも知れない。彼の行動がそれを証明しているようであった。

この年、信州に皇極天皇の勅願で善光寺が創建される。天台宗の大勧進と浄土宗の大本願（尼僧寺院）からなり、住職は、「大勧進貫主」と「大本願上人」の両名が務める。

大本願は大寺院としては珍しい尼寺であり、しかも勅願寺で、歴代住職は尼僧が勤め、「善光寺上人」と呼ばれて、門跡寺院ではないが、代々公卿から住職を迎えている。

皇紀一三〇五年＝皇極四年（六四五年）六月八日、開別皇子（中大兄皇子）が蘇我倉山田麻呂に、「板葺宮の大極殿で三韓の調を奉る日に、貴殿が三韓の上表文を読み上げる役を担って欲しい」と打ち明ける。

開別皇子（中大兄皇子）はこの蘇我倉山田麻呂の娘姉妹、遠智娘《おちのいらつめ》と姪娘《めいのいらつめ》を妃としておられた。

開別皇子は、間もなく、この義父に大極殿にて三韓の上表文を読み上げるという大役を願ったのであった。

この年、開別皇子と夫人・遠智娘との間に大田皇女と鸕野讃良皇女《うののさらら》（後の持統天皇）が誕生される。

【乙巳《いっし》の変】

皇紀一三〇五年＝皇極四年六月十二日、「乙巳の変」が起きる。

三韓から進貢の調使が来日し、宮中で皇極天皇陛下ご臨席の下に、三韓の進貢の儀式が行われた。儀式の中で、蘇我倉山田麻呂が大極殿にて三韓の上表文を読み上げ、その最中に開別皇子（中大兄王子）と中臣鎌足が天皇の御前で蘇我入鹿を誅殺した。

皇極天皇は当然のことながら吃驚《びっくり》され、「これは一体何事か」と開別皇子（中大兄皇子）に詰問される。

これに対し開別皇子は平伏し、「入鹿は王子たちを全て滅ぼして皇位を傾けようとしています。入鹿を以て天子に代えられましょうか」とお答えになる。

天皇は直ちに退去され、二度とお出ましにならなかった。入鹿の父の蘇我蝦夷は屋敷に火を放ち自害する。

権勢を縦《ほしいまま》にしていた蘇我氏がここに滅んだ。一瞬の出来事であった。開別皇子（中大兄皇子）と中臣鎌足が長年かけて密かに計画していた謀《はかりごと》を実行したのであった。

蘇我馬子の「天皇弑虐《しいぎゃく》事件」から五十三年、およそ半世紀余り後に起きたこの大事件で、豪族が支配していた政務を天皇親政に戻すことになった。

入鹿の祖父・馬子が天皇弑虐事件を起こし、罪を着せられることを避けるために、姪である推古天皇を即位させたのはともかく、その後も子の蝦夷、孫の入鹿と権勢を強め、皇子たちを滅ぼして皇位継承に介入し、果ては蘇我氏が皇位を簒奪する恐れが出てきた（一〇六頁参照）。天皇王朝が蘇我王朝に変わる恐れが出てきたのである。

【皇位の譲位】

皇極天皇は先の「乙巳の変」があってのち六月十四日、在位四年で同母弟の軽皇子《かるのみこ》（孝徳天皇）に皇位を譲られた。

開別皇子（中大兄皇子）に皇位を譲ろうとされたが、開別皇子は中臣鎌足と相談の結果、皇極天皇の同母弟・軽皇子（孝徳天皇）に即位を願い、開別皇子（中大兄皇子）は皇太子となられる。

中大兄皇子としては、天皇の御前で入鹿誅殺という大事件を起こした本人であり、さすがに即位は憚《はばか》られたのであろう。皇極天皇が軽皇子（孝徳天皇）に皇位を譲られると同時に、皇極天皇は上皇になられ、中大兄皇子は皇太子になられた。

ここで皇極天皇がご在位のままで、譲位ということが初めて行われる。それまでは、皇位はいわゆる終身制であり、皇位の継承は天皇の崩御によってのみ行われていた。開闢《かいびやく》以来の皇位継承の方法の大変革となった。

「乙巳《いつし》の変」の後、中大兄皇子の異母兄である古人大兄皇子が皇極天皇の譲位を受けて皇位に就くことを勧められたが、皇子はそれは断り、直ぐに出家して吉野へ隠退された。しかし、およそ三ヶ月後の九月十二日 吉備笠垂《かさのしだる》から「古人大兄皇子が謀反を企てている」との密告があり、中大兄皇子に攻め滅ぼされた。

実際に謀反を企てていたかどうかは不明である。舒明天皇の第一皇子であるが、母は蘇我馬子の娘・蘇我法提郎女《ほていのいらつめ》であるから、蘇我系の皇子として滅ぼされたのだとも考えられる。

この皇極天皇の御世の後、孝徳天皇の御世、天皇親政が回復したが、同時に皇位継承が天皇在位中での譲位という形で行われ、皇位継承方法に大変革が起きた。

皇極天皇が譲位された直後の六月十九日、天皇の同母弟の軽皇子が孝徳天皇として即位される。ここで女性の太上天皇、皇極上皇が誕生した。そしてこの時、初めての元号が「大化」と定められた。

皇紀一三〇五年＝大化元年（六四五年）末、都を飛鳥板蓋宮から難波長柄《ながら》豊碕宮（大阪市中央区）に遷《うつ》す。開別皇子（諱《いみな》は葛城・中大兄皇子）は、中臣鎌足と共に孝徳天皇の治世下で、実質的な改革を推進していく（大化の改新）。

皇紀一三〇八年＝大化四年（六四八年）、半島では高句麗と百済から圧迫を受けていた新羅が、救いを求めて王族の金春秋《こんしゅんじゅう》を唐に派遣する。派遣された金春秋は唐の太宗（第二代王）の歓迎を受け、「特進」（正二品）の地位を授与され、唐の支援を得ることに成功する。

翌年、金春秋は息子の金文王を人質として唐に残して帰国し、唐への服属を示すため、高宗（第三代王）の永徽《えいき》元年（六五〇年）からは、新羅独自の年号を廃止し、唐の元号を使用するようにした。この新羅の唐に対する服属が、やがて唐・新羅連合の成立に繋がり、半島の歴史を大きく変えていくことになる。

神功皇后による皇紀一〇六〇年（二〇〇年）の三韓征伐以来、半島三国は日本に服属していたが、新羅が唐に服属して、半島と日本との関係が激変する。そして、これが後の白村江の戦いに繋がっていく。

皇紀一三一〇年＝大化六年（六五〇年）二月十五日、元号が白雉《はくち》に改元される。

皇紀一三一三年＝白雉四年（六五三年）、皇太子（中大兄皇子）が孝徳天皇に、倭京の飛鳥に遷ることを進言されたが、天皇はこれを許されなかった。そこで皇太子（中大兄皇子）は孝徳天皇の意向を無視して、皇極上皇や穴穂部間人皇女《あなほべはしひと》（孝徳天皇の皇后）その他の官僚を率いて、難波長柄豊碕宮から飛鳥に戻ってしまわれた。百官《ももつかさ》を率いての移動であるから朝政の中心が飛鳥に遷《うつ》ったので、遷都といえる。

孝徳天皇の皇后（間人皇女）が夫である天皇と別れ、皇太子の中大兄皇子と共に飛鳥に遷られたが、その理由は不明である。中大兄皇子が倭京に移られたのは半島との緊迫した関係を慮《おもんぱか》ってのことであろう。現に、後の白村江の戦いに敗れたあと、天智天皇（中大兄皇子）は都を近江に遷しておられる（近江神宮）。

間人皇女は孝徳天皇の皇后であるが、父は舒明天皇、母は皇極天皇＝斉明天皇であるから、天智天皇や天武天皇の同母兄妹（姉）に当たる。

皇太子・中大兄皇子らが飛鳥に遷られた翌年皇紀一三一四年＝白雉五年（六五四年）十月十日、孝徳天皇が在位十年、五十九歳で崩御された。

第三十七代　斉明《さいめい》天皇

〔世系三十　即位六十二歳　在位七年　宝算六十八歳〕

斉明天皇は先の皇極天皇と同一人物である。

既述の通り、皇太子の中大兄皇子らが飛鳥に戻られた翌年の皇紀一三一四年＝白雉《はくち》五年（六五四年）、先帝の孝徳天皇が崩御される。

孝徳天皇は先々代皇極天皇＝斉明天皇の同母弟であり、中大兄皇子、間人《はしひと》皇女、大海人皇子《おおあまのおうじ》の叔父に当たる。敏達天皇の曾孫王、押坂彦人大兄皇子の孫王、茅渟《ちぬ》王の王子である。母は欽明天皇の孫である桜井皇子の王女、吉備姫王《きびひめのみこ》である。

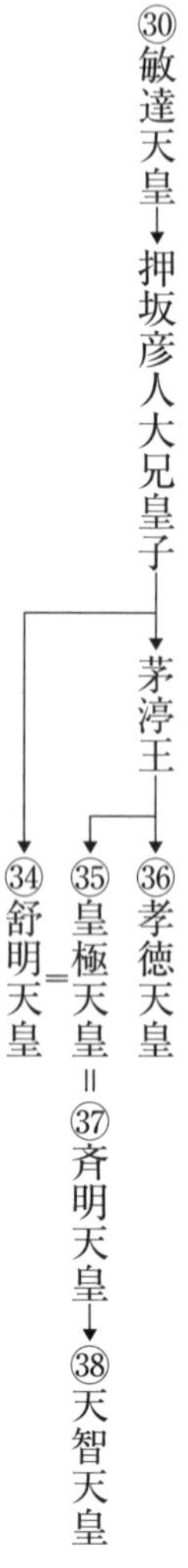

孝徳天皇が崩御されたので、本来であれば皇太子の中大兄皇子（二十九歳）が即位されるべきところであったが、皇極天皇の御世から引き続いて、唐と連合した新羅の動きで、半島情勢が益々緊迫し

てきており、日本も百済救援のために出兵しなければならなくなる状況下にあった。

白雉元年、新羅が唐に服属し、唐の軍を引き入れて百済を滅ぼそうとしていた。そこで、中大兄皇子は百済救援軍派兵の準備をされる関係上、中臣鎌足と相談の上、政策的に即位を辞退されたのであった。


皇紀一三一五年＝斉明元年（六五五年）一月三日、先代の孝徳天皇崩御からおよそ三ヶ月経って、先々代の皇極天皇が六十二歳で飛鳥板蓋宮にて再び斉明天皇として即位された。ここで史上初めて重祚（同じ天皇が再度即位）が行われたのである。朝政は引き続き皇太子の中大兄皇子が執られた。

その後、斉明天皇＝皇極天皇が博多で出兵の準備をしておられる最中に崩御され、急遽、中大兄皇子（天智天皇）が称制して即位された。孝徳天皇が崩御されてすぐに、称制して即位されたら、皇極上皇の重祚という変則的な即位は必要なかったことになる。


この年七月、北の蝦夷九十九人・東の蝦夷九十五人・百済の調使百五十人を饗応される。そして、柵を守る蝦夷九人と津軽の蝦夷六人に冠位二階を授ける。

八月一日、第三次遣唐使で唐に渡った河辺麻呂らが唐から帰国する。押使《おうし》・高向玄理《たかむくくろまろ》、大使・河辺麻呂、副使・薬師恵日《くすしえにち》らが白雉五年（六五四年）二月に出発し、数ヵ月後に新羅を経由し唐に渡って皇帝の高宗に拝謁し帰朝した。

新羅が唐に服属したので、新羅の宗主国となった唐との外交関係が重要になってきたのである。

この年、高句麗、百済、新羅が揃って使いを遣わし調を奉った。いずれの国も混乱しており、日本との関係を強化し、あるいはまた駆け引きを行っている。いずれも朝貢に託《かこつ》けて、日本の状況を探る諜報活動もしている。

半島の新羅は別に及飡《きゅうさん》（九位）弥武《みむ》を人質として送り、また十二人の才伎者《てひと》（技芸に長ずる者）を奉った。人質といっても高位の者ではないし、王族でもないので見殺しにしても良かったのであろう。新羅はどこまでも日本に対して不誠実である。現在の半島の国もこの体質を引きずっている。

蝦夷、隼人が仲間を率いて服属し、朝貢した。

皇紀一三一六年＝斉明二年（六五六年）八月八日、高句麗が大使の達沙《たつさ》、副使の伊利之《いりし》ほか総計八十一人を遣わし、調を奉る。

翌月九月には、日本から高句麗へ大使・膳臣葉積《かしわでのおみはつみ》、副使・坂合部連磐鍬《さかいべいわすき》らの使を遣わす。

この年、飛鳥の岡本（飛鳥雷丘）に宮地を定め、のちの飛鳥岡本宮を造営する。折からの高句麗、百済、新羅の使人を、ここで幕を張って饗応された。

多武峯《とうのみね》の頂上に垣を築き、高殿・両槻宮《ふたつきのみや》を立てる。そして、香具山の西から石上山《いそのかみ》まで溝を掘られた。

皇紀一三一七年＝斉明三年（六五七年）、孝徳天皇の皇子の有間皇子が、父・孝徳天皇の崩御後、政争に巻き込まれるのを避けようと、病と装って紀伊の牟婁湯《むろゆ》（和歌山県白浜温泉）へ行かれる。

皇紀一三一八年＝斉明四年（六五八年）四月、阿倍比羅夫が蝦夷に遠征する。降伏した蝦夷の恩荷《おんが》を、渟代《ぬしろ》（能代）と津軽二郡の郡領《ぐんれい》（中央から派遣される地方官）と定めた。

七月、蝦夷二百余人が朝献する。阿倍比羅夫の冠位は大錦上（二十六階中の七位、小紫の下、大錦中の上）で、越国守、大宰帥を歴任した後、斉明四年から三年間、日本海側を北は北海道まで航海して蝦夷を服属させ、粛慎《みしはせ》（樺太・沿海州）にまで侵攻している。

この年、岡本宮（明日香村）が完成し、斉明天皇は難波から都を遷された。難波宮に残っておられた弟の孝徳天皇も崩御されたので、正式に遷都されたのである。

秋七月四日、蝦夷が二百人余り朝廷に参上し物を奉った。常にもまして多かった。

十月十五日、天皇は有間皇子（孝徳天皇の皇子）から牟婁湯《むろゆ》の素晴らしさをお聞きになり、さっそく牟婁湯に行幸された。

ところがこの時、留守官をしていた蘇我赤兄《あかえ》が飛鳥（都）に残っておられた有間皇子に近付き、斉明天皇＝皇極天皇や中大兄皇子の失政を糾弾し、自分は皇子の味方であると告げ、暗に謀反を唆《そそのか》す。皇子は喜ばれ、斉明天皇と中大兄皇子を打倒するという自らの意思を明らかにされた。赤兄は大逆事件を起こした蘇我馬子の孫に当たる。

十一月五日、ここで蘇我赤兄は有間皇子の謀反を密告する。赤兄は皇子に謀反を嗾《けしか》けておいて、それを密告している。何らかの手柄を作りたかったのか、皇子を陥れたかったのかよく分からない。

有間皇子は十一月九日、捕らえられ紀の湯に送られて中大兄皇子に尋問され、「全ては天と赤兄だけが知っている。私は何も知らぬ」と答えられた。

翌々日の十一日、藤白坂で絞首刑に処せられた（十九歳）。父帝・孝徳天皇が崩御されて四年後のことであった。藤白神社の境内には、有間皇子を偲《しの》んで有間皇子神社（境内社）が創建されている。

皇紀一三一九年＝斉明五年（六五九年）春一月三日、天皇は牟婁湯（白浜温泉）から帰られた。

三月、前年四月に蝦夷に遠征した阿倍比羅夫が蝦夷国を討つ。

比羅夫は飽田《あきた》（秋田）と渟代（能代）二郡の蝦夷二百四十一人とその虜《とりこ》三十一人、津軽郡の蝦夷百十二人とその虜四人、胆振鉏《いぶりさい》（道南から道央にかけての地域）の蝦夷二十人を一つの場所に集めて饗応し禄を与えた。羊蹄山《ようていざん》に郡領《ぐんれい》を置き、更に北海道の北海岸や樺太の粛慎《みしはせ》と戦って帰り、虜四十九人を献じる。

粛慎国は満州、沿海州にあった国で、この時代に阿倍比羅夫が樺太まで出かけている。阿倍氏は古くから越国や北陸道方面の統治で活躍した氏族である。

斉明天皇の御世は、盛んに北の蝦夷を支配下に置こうとし、越国国守の阿倍比羅夫が数回、蝦夷・粛慎討伐に出征して活躍した。

この年（斉明五年）七月三日、第四次遣唐使として坂合部連石布《いわしき》、津守連吉祥《きさ》を唐に派遣する。途中、第一船は難破漂流し、九月十五日、坂合部石布は不幸にして漂着したところの原住民に襲撃され死去する。津守連吉祥らは無事に唐に辿り着く。そして九月三十日、唐の皇帝・高宗に拝謁し、陸奥の蝦夷男女二人を唐の天子にお目に掛ける。

遣唐使が唐の皇帝に拝謁したのち、冬至の儀式において、日本の遣唐使の風采挙措《ふうさいきょそ》が、当然のことではあるが、最も立派で優れていたとの評価を受ける。

皇紀一三二〇年＝斉明六年（六六〇年）春一月一日、高句麗の使人・乙相賀取文《おつそうがすもん》ら百人余りが筑紫に着く。

三月、阿部臣を遣わし、船軍二百艘を率いさせて粛慎国を討たせる。粛慎国に侵攻した阿部臣は蝦夷五十余人を奉った。そして粛慎人四十七人を饗応される。

夏五月八日、先に筑紫に着いた高句麗の使人・乙相賀取文らが難波の館に着いた。

この月、皇太子（中大兄皇子）が初めて漏刻（水時計）を造り、民に時を知らせるようにした。この漏刻は現在大津市の近江神宮に保存されている。

七月十六日、高句麗の使人・乙相賀取文らがおよそ半年の滞在を終え、帰途につく。都貨羅人《とから》（インドシナ人かペルシャ人？）乾豆波斯達阿《けんずはしだちあ》は帰国に当たって、送使に「再び日本に来てお仕えしたい、ついては妻を残して参ります」と請い、十人余りと西海への帰途につく。

【百済滅亡】

この年七月、百済が唐・新羅連合軍に滅ぼされ、大量の亡命者が日本に来る。皇極天皇の御世から、半島は混乱していたが、新羅が唐の軍隊を引き入れて更に混乱し、遂に百済を滅ぼした。そして唐は百済の旧領を郡県支配の下に置いた。しかし、すぐに鬼室福信《きしつふくしん》を中心とした百済の遺民による反抗運動が起きた。

高句麗法師の道顕の日本紀にも「七月、新羅の金春秋（太宗武烈王）は唐の大将軍・蘇定方《そていほう》の手を借りて、百済を挟み撃ちにして滅ぼした」とある。

新羅は近隣諸国を攻めるのに唐軍を引き入れ、そして唐の属国となった。この時期から、半島は大陸のその時々の王朝の軍事力に頼って新羅王朝を維持するのが常となり、これが明治初期の李氏朝鮮まで続くことになる。半島には独立国は存在しなくなった。

九月五日、百済の建率《たつそつ》（二品官）沙彌覚従《さみかくじゅう》らが来日して、「今年七月、新羅は力を頼んで勢いをほこり、他と親しまず、唐人を引き入れて百済を転覆させた。君臣みな虜《とりこ》にされ、掠奪され殆ど残るものもありません」と奏上する。新羅・唐の凄まじい略奪と殺戮の様子を報告している。

百済の義慈王、妻、王子、臣など五十余人が拉致され唐に連れ去られた。しかし、将軍・鬼室福信は百済復興のために戦っていることを伝える。

十月、鬼室福信が佐平（一品官）・貴智《きち》らを遣わして唐の俘虜百余人を献上し、援兵を求め、同時に皇子の扶余豊璋《ふよほうしょう》（百済最後の王・義慈王の王子）の帰国を請う。

斉明天皇は鬼室福信の願いを容れ、百済を救助するための出兵を命じ、また、扶余豊璋を礼を尽くして帰国させることも指示される。（斉明六年十月、「兵を遣わして百済国を救い給うの詔」（第一五六詔）を発せられる。

十二月二十四日、天皇は出兵準備のために難波宮へ行幸される。

皇紀一三二一年＝斉明天皇七年（六六一年）一月六日、斉明天皇は朝廷の軍船で自ら西に向かって出征され、救援の出兵を指揮するために筑紫に滞在された。朝廷軍の船団は三月二十五日、筑紫の那《なの》大津《おおつ》（博多港）に到着する。

五月九日、天皇は朝倉橘広庭宮《たちばなひろにわのみや》（朝倉市大字須川）に移られた。この時、朝倉の社《やしろ》の木を切り払って宮を造られたので、雷神が怒って御殿を壊した。また大舎人《おおとねり》や近侍の者たちに病んで死ぬ者も多かった。

四月、第四次遣唐使第二船の津守吉祥《きさ》らが帰国の途につく。帰途暴風に遭い、耽羅《たんら》（済州島）に漂着した。そして耽羅国王子の阿波伎《あわぎ》等九人を伴って帰国する。

この一行は、唐と百済の戦役の都合で、暫く長安に幽閉・抑留されていた。そして、監禁が解け洛陽に移動した津守吉祥らは、十一月百済の義慈王ら王族・貴族らが捕虜となって洛陽に護送されるのを目撃している。

五月二十三日、津守吉祥らに伴われて来朝した耽羅国（済州島）の王子・阿波伎らが朝貢する。耽羅の初めての朝貢である。

この月五月、白村江の戦い第一派一万余人が出陣する。船舶百七十余隻で、指揮官は安曇連比羅夫、狭井檳榔《あじまさ》、朴市秦造《えちのはたのみやつこ》田来津《たくつ》であった。豊璋王を護送し帰国させる先遣隊でもある。

【斉明天皇崩御・天智天皇即位】

豊璋王と軍船を送り出したあと、七月二十四日、斉明天皇が突然朝倉宮にて崩御される。在位六年、六十八歳であった。

半島で百済が新羅・唐に攻められ存亡の危機にあり、百済救援のための出兵準備をしている最中の崩御であった。斉明天皇の突然の崩御を受け、皇太子の中大兄皇子が遂に第三十八代天智天皇として即位（但し称制）される。

斉明天皇は東北地方と北海道の蝦夷討伐を盛んに行われた。そして、朝鮮半島の高句麗から朝貢を受けるが、晩年は百済が新羅・唐連合軍に滅ぼされた。その百済を復興するための出兵準備をされ、その出兵直前に六十八歳で筑紫にて崩御される。重祚された後の斉明天皇としては六年の在位であった。

この御世の重臣は巨勢徳多《こせのとこた》（斉明四年死去）と中臣鎌足である。

十一月七日、斉明天皇の殯《もがり》の儀が飛鳥の川原宮で行われた。

皇極＝斉明天皇陵は越智崗上陵《おちのおかのうえ》、奈良県高市郡高取町大字車木にある車木《くるまき》ケンノウ古墳（円墳、直径約二十三間・四十五メートル）である。

第四十一代 持《じ》統《とう》天皇

（世系三十一　即位四十六歳　在位十一年（称制期間を含め）宝算五十八歳）

鸕野讃良皇女《うののさららひめみこ》（持統天皇）は皇紀一三〇五年＝大化元年（六四五年）、中大兄皇子（天智天皇）の女王として誕生された。母は蘇我倉山田麻呂の娘・遠智娘《おちのいらつめ》である。外祖父・蘇我倉山田麻呂は蘇我馬子の孫、蘇我倉麻呂の子であるから、鸕野讃良皇女も母方は蘇我氏である。

（母方）蘇我稲目→馬子→倉麻呂→倉山田麻呂→遠智娘→鸕野讃良皇女

皇紀一三一七年＝斉明三年（六五七年）、十三歳で叔父に当たる皇太弟の大海人皇子（天武天皇）の妃となられた。

皇紀一三二二年＝天智元年（六六二年）、大海人皇子の妃となられた鸕野讃良皇女が草壁皇子をお産みになる。

皇紀一三三八年＝天智天皇七年（六六八年）一月七日、皇極上皇＝斉明天皇が崩御されたのち、称制しておられた中大兄皇子が正式に即位され、鸕野讃良皇女の夫君・大海人皇子が皇太弟となられた。

三年後、皇紀一三三一年＝天智十年（六七一年）一月二日、天智天皇は皇子の大友皇子を太政大臣に任んじられた。皇大弟の大海人皇子は大友皇子を後嗣とすることが兄・天智天皇のご意志であると判断され、ご自身は兄・天智天皇に出家を願い出られ、これが許された。そこで大海人皇子は皇太弟を辞し、剃髪して吉野に入られ、妃の鸕野讃良皇女も大海人皇子に従って吉野に入られる。

そしてこの年十二月三日、天智天皇が崩御された（四十六歳）。

父帝・天智天皇の崩御を受け、十二月五日、天智天皇の皇子で、鸕野讃良皇女の異母弟の大友皇子が弘文天皇として即位（二十四歳）される。

弘文天皇方が大海人皇子に刺客を放たれた。大海人皇子を今亡き者にしておかないと、将来災いとなるとの臣下の者たちの意見を容れられたようであった。大海人皇子は美濃に逃れて兵を挙げられ、皇紀一三三二年＝弘文元年（六七二年）六月二十四日、壬申の乱が勃発する。妃の鸕野讃良皇女（持統天皇）も大海人皇子と行動を共にされた。

壬申の乱で大海人皇子（天武天皇）側が朝廷側に勝利し、大友皇子は自害される。

皇紀一三三三年＝天武二年（六七三年）二月二十七日、大海人皇子が天武天皇として即位される。そして翌天武三年、天武天皇の即位で、妃の鸕野讃良皇女は皇后となられた。鸕野讃良皇女にとっては、夫であり叔父でもある大海人皇子と、異母弟である大友皇子との戦いで、朝廷を二分しての大争乱であった。

皇紀一三三六年＝天武五年（六七六年）五月五日、天武天皇が吉野に行幸され、草壁《くさかべ》皇子、大津皇子、高市《たけち》皇子、忍壁《おさかべ》皇子、川島皇子、志貴《しき》皇子の六人に、草壁皇子を次期天皇とし、みなは草壁皇子を助けてお互い相争わないことを誓わせた（吉野の盟約）。後に皇位継承の争いが起きないように、予め後嗣を定め、皇子たちに公表し、協力を誓わせたのである。

草壁皇子は天武天皇の皇子、母は皇后の鸕野讃良皇女で、大津皇子も天武天皇の皇子で母はやはり天智天皇の皇女である大田皇女（鸕野讃良皇女の同母姉）であった。

高市皇子は天武天皇の皇子であるが、母は筑紫宗像《むなかた》郡の豪族である胸形徳善《むなかたとくぜん》の娘の尼子娘《あまこのいらつめ》である。忍壁皇子も天武天皇の皇子で、母は宍人《ししひと》カヂ媛娘《ひめのいらつめ》である。そして川島皇子と志貴皇子は天智天皇の皇子である。

吉野の盟約から五年後の皇紀一三四一年＝天武天皇十年（六八一年）二月、予定通り草壁皇子（二十歳）が立太子される。

天武十四年頃から天武天皇が病がちとなられ、鸕野讃良皇后は皇太子・草壁皇子（二十四歳）と共に天皇に代わって朝政を執られた。

天智天皇在位中には数次の遣唐使の派遣があったが、大海人皇子が天武天皇として即位されてからは、大宝律令が制定された後の文武天皇の御世である皇紀一三六二年＝大宝二年（七〇二年）までおよそ三十年、遣唐使は派遣されなかった。

皇紀一三四六年＝天武十五年（六八六年）七月十五日、天武天皇は「天下の事は大小を問わず、悉《ことごと》く皇后及び皇太子（草壁皇子）に報告せよ」と詔され、鸕野讃良皇后（持統天皇）・草壁皇子が共同で朝政を執られる。

第三十六代孝徳天皇が崩御されて次の斉明天皇の御世で断絶していた年号が、ここで三十二年ぶりに朱鳥《しゅちょう》と定められた。

皇紀一三四六年＝朱鳥元年（天武十五年・六八六年）九月九日、天武天皇が崩御（五十六歳）され、皇后（鸕野讃良皇女）は即位式を催行されないまま称制して朝政を執られる。近い将来、草壁皇子が即位されることを前提としての措置であった。

天武天皇崩御と同時に先の年号の朱鳥は再び使用されなくなった。

草壁皇子の即位が予定されていたが、天武天皇が崩御された翌月、大津皇子謀反事件（後述）が発生した。これにより「吉野の盟約」があるとはいえ、すぐに草壁皇子が即位される環境が整わなかった。先の天智天皇にも、この度崩御された天武天皇にも、皇子が沢山おられ、何方《どなた》を後嗣にするかが決めにくい状況にあったので、天武天皇の皇后（鸕野讃良皇女）が中継ぎとして一旦即位（ただし称制）されたのであった。

【大津皇子の悲劇】

前述した通り、天武天皇崩御の翌月十月二日に、大津皇子の謀反が発覚して逮捕されるという悲劇が発生する。

大津皇子は天武天皇の第三皇子で、母は天智天皇の皇女の大田皇女であり皇后・鸕野讃良皇女（持統天皇）の同母姉でもある。しかし、この時は母の大田皇女は既に薨去しておられた。

事件の関係者三十余人が捕らえられた。天智天皇の第二皇子で吉野の盟約にも参加しておられた川島皇子（三十歳）の密告と言われる。大津皇子は皇太子・草壁皇子の一歳下の異母弟であり、『日本書紀』天武十二年二月一日条には「大津皇子が初めて朝政をお執りになる」とある。

先帝・天武天皇の殯宮《もがりのみや》で、皇太子を謗《そし》るような発言をしたのではないかとする見方など諸説あるが、謀反の原因はよく分かっていない。そして具体的にどのような謀反の計画があったかも定かでない。

事件発覚の翌日、十月三日、大津皇子は自害させられる。二十四歳であった。

十月二十九日、事件に関与した者のうち、大津皇子の家臣の礪杵道作《ときみちつくり》は伊豆に、新羅の沙門行心《ほふしぎようじん》は飛騨に流されたが、他は全て許される（十月二十九日、「大津皇子に連座せし者を赦し給うの詔」〈第二一一詔〉）。行心は新羅の優れた僧であったが、大津皇子の謀反にくみし、死罪一等を許されて、飛騨の伽藍に移された。

伊勢神宮の斎宮であられた大来皇女《おおく》は十一月十六日、同母弟である大津皇子の今回の罪に連座され、斎宮の任を解かれ京に帰される。大来皇女は天武天皇の皇女で、母は天智天皇の皇女の大田皇女（持統天皇の同母姉）である。

皇紀一三四七年＝持統元年（六八七年）春一月一日、皇太子（草壁皇子）は公卿百寮を率いて先帝・天武天皇の殯宮にお詣りになり、みな慟哭した。

正月十九日、田中法麻呂《のりまろ》が遣新羅使に任じられ、翌二年新羅に渡り、先帝の喪を告げた。皇紀一三四九年＝持統天皇三年（六八九年）一月八日、二年の長滞在を終え帰国する。

かつて孝徳天皇の崩御を告げた際には翳飡《えいさん》（官位十七階の第二位）の金春秋が勅を受けたが、今回は新羅から蘇判《そうかん》（官位十七階の第三位）の者が勅を受けると告げられたため、詔を渡さずに持統天皇三年正月に帰国した（後述）。

持統二年（六八八年）二月十六日、「國忌日《はてのひ》に齋《おが》ましめ給うの詔」（第二二三詔）を発せられ、先帝・天武天皇の崩御された九月九日を国忌日と定められた。そして六月十一日、「免赦減租の詔」（第二二四詔）を発せられ、大赦と減税を実施された。

【持統天皇の即位】

皇紀一三四九年＝持統三年（六八九年）四月十三日、皇太子・草壁皇子が即位を前に突然薨去される。父帝・天武天皇の崩御からわずか三年後のことであった。

皇太子・草壁皇子の突然の薨去によって、皇位継承の計画を変更せざるを得なくなる。ここで鸕野讃良皇后は草壁皇子の王子（鸕野讃良皇后の孫）軽皇子《かる》（のちの文武天皇）への皇位の継承を望むが、軽皇子はまだ七歳と幼く、吉野の盟約を誓われた皇子たちがおられるので、当面は皇太子に立てることもはばかられた。草壁皇子と世系を同じくする天武天皇、天智天皇の皇子たちが、とりあえず即位すべきではという意見も当然あったであろうからである。そこで皇后ご自身が称制を改めて、正式に自ら持統天皇として即位されたのである。

なお軽皇子の母は天智天皇の皇女・阿閇《あへ》皇女（のちの元明天皇）で、持統天皇にとっては異母妹に当たる。

㊳天智天皇
→鸕野讃良（㊶持統天皇）
→阿閇皇女（㊸元明天皇）
㊵天武天皇→草壁皇子
→軽皇子（㊷文武天皇）
→氷高皇女（㊹元正天皇）

四月二十日、新羅の級飡《きゅうさん》金道那《こんどうな》らが弔使として来朝する。

五月二十二日、「新羅の弔使金道那《こんどうな》らに下して新羅国王を諭し給うの詔」（第二一六詔）を発せられる。

前述の通り、孝徳天皇の崩御を告げた際には地位の高い翳飡《えいさん》（官位十七階の第二位）の金春秋が勅を受けたが、今回は新羅から蘇判《そうかん》（官位十七階の第三位）の者を寄越して勅を受けるというので、法麻呂は勅を渡せず帰国したのに対し、この詔が発せられたのである。しかも此度の調と献上物は封印して返還された。新羅の不誠実さと日本侮辱を責めておられる。

この年持統三年六月、浄御原令が発布される。

戸籍を六年に一回作成し（六年一造）、五十戸を一里とすることや班田収授など、律令制の基本が本令により制度化された。律令の令《りょう》（行政法）が具体的に制度化されたのである。

飛鳥浄御原令が発布され、律令制で大国《たいこく》に分類されていた吉備国は、あまりに大きすぎるということで、備前国、備中国、備後国の三国に分割される。

閏八月十日、諸国国司に「戸籍を造り九月を期限として、浮浪者を取り締まるように、兵士は国ごとに荘丁の四分の一を指定し、武器を習わせよ（軍事訓練）」と詔された。

七月一日、先の四月二十日に来朝した新羅の弔使金道那らが二ヶ月余りの滞在を終え帰国した。使いとしての身分が低いのでそのまま追い返され、調と献上物は再び封印して返還されている。

十二月六日、唐から伝わった双六を禁止された。

【持統天皇即位】

皇紀一三五〇年＝持統四年（六九〇年）春一月一日、天武天皇が崩御されてから称制（即位せずに政務を執る）しておられた皇后・鸕野讃良皇女が、第四十一代天皇持統天皇として四十六歳で皇位に就かれた。

天武天皇が崩御された直後に大津皇子の謀反事件があり、大津皇子が自害され、それから三年経った前年、また即位を予定されていた皇太子・草壁皇子が薨去されたので、孫の軽皇子（八歳）への中継ぎとして皇后・鸕野讃良皇女が即位されたのであった。

皇后・鸕野讃良皇女（持統天皇）は夫君・天武天皇のご在位中から、皇后として終始天皇を補佐され、朝政について助言しておられた。

「吉野の盟約」で先帝・天武天皇が草壁皇子を後嗣と定められたが、その草壁皇子が薨去されたので、その王子（軽皇子）を後嗣にすべきとお考えになったのである。

結果論ではあるが、大津皇子が謀反を起こして自害しておられなかったら、草壁皇子が薨去された後を受け、大津皇子が即位された可能性も十分にある。

この頃、柿本人麻呂が持統天皇の庇護を受け宮廷歌人として活躍する。柿本氏は、第五代・孝昭天皇の後裔を称する春日臣を祖とする皇別氏族である。

この年、皇大神宮（伊勢神宮）の一回目の御遷宮が行われた。以後二十年ごとに遷宮（式年遷宮）が行われるようになる。この時期、遣唐使などにより仏教や儒教など外来の文化を積極的に受け入れるが、同時に日本固有の文化をも堅持し、日本古来の精神文化を尊重するための式年遷宮制度が発足する。

七月五日、高市皇子（天武天皇第一皇子）を太政大臣に、多治比嶋真人《たじひのしままひと》を右大臣に任命された。高市皇子は母の身分が低かったが、薨去された皇太子・草壁皇子の異母兄であり、壬申の乱での功績も大きく、政務にあたっても信頼が厚かった。この時、八省百寮（役人）もみな選任された。一人の大臣も任命されなかった天武天皇の皇親政治は、ここで大きく方向転換することになる。しかし、多治比嶋は宣化天皇の四世孫（玄孫）で、摂津大夫・多治比古王（丹比麻呂）の子であり、皇族を中心とした政治には変わりはない。多治比嶋は天武天皇、持統天皇、文武天皇と三代の天皇に仕えている。

【愛国という言葉】

九月二十二日、筑紫の大伴部博麻《はかま》が新羅の送使大奈末（等級十位）金高訓《こんこうくん》に従って筑紫に帰国した。

十月二十二日、「軍丁大伴部博麻の尊朝愛国の功を顕彰し給うの詔」（第二三詔）を発せられる。

百済救援のために出征した兵士が、白村江の戦いに敗れ、唐軍に拉致されて捕虜として長安に連れていかれたが、その兵士らが唐から帰国した。それら兵士の中に、筑後の兵士・大伴部博麻がいた。

彼は長安に拉致されていったときに、長安の街では、唐軍がいつ日本を攻めるかという話で持ちきりであった。今攻められたら日本は潰されると思い、彼は何とかこの状況を日本の朝廷に伝えなければならないと思った。しかし、帰るにも路銀がない。そこで仲間と語らい、自らの身を三十年の奴隷として売って、それで得たお金を仲間に渡し日本に帰らせた。そうして長安での雰囲気を朝廷に伝え、この情報を得て、朝廷は各地に防人《さきもり》を置き、狼煙《のろし》台を設置し、城を築いて池を造り、防御態勢を早急に整えた。

そして、持統天皇は彼に詔して「お前は百済救援の役《えき》（白村江の戦い）で唐の捕虜とされた。かの地で唐の日本侵略計画を聞き、朝廷に知らせたいが帰国する路銀がない、そこで自分の身を三十年の奴隷として売って、その金を仲間に与えて帰国させ、急を知らせて欲しいと頼んだ。お前はそのため三十年の歳月を彼の地で奴隷として働いた。身を売ってまで忠誠を尽くしたことを喜ぶ。故に務大肆《むだいし》を授け、絁《あしぎぬ》五匹、布三十端、稲千束《ちづか》（五百〜七百キログラム）、水田四町を与える。水田は曾孫まで引き継げ、課役は三代まで免除しその功に報いる」と詔された。務大肆は、天武十四年に定められた冠位四十八階の三十一階である。

福岡県八女市上陽町北川内寄口にある北川内公園の頂上にこの博麻の碑があり、その右の門柱には「尊朝愛国《そんちょうあいこく》」、左の門柱には「売身輸忠《ばいしんゆちゅう》」（朝廷を尊び国を愛し、身を売って忠義の心を伝えた）と彫られている。

これは持統天皇が皇紀一三五〇年＝持統四年（六九〇年）に、大伴部博麻というこの元日本兵士に与えた勅語である。一般人個人に与えられた「勅語」はこれ以外にはない。また、この勅語にある「愛国」の文字は、持統天皇が日本で初めて用いられた国を思う言葉でもある。

この年十二月十九日、天皇は藤原京の宮地をご覧になる。公卿百官がお供した。

またこの年、全国的戸籍「庚寅年籍《こういんねんじゃく》」を作成する。戸籍を更新するために、庚寅年籍作成以降の異動を記した持統十年の木簡が、平成二十四年に太宰府で出土している。

皇紀一三五一年＝持統五年春一月一日、親王、諸臣、内親王、女王らが位を賜る。そしてその位階に応じて食封《へひと》を加増された。食封とは、俸禄として支給した戸（封戸）の租税が歳入となる給与制度である。

一月十四日、「筑紫の史益《ふひとまさる》（直広肆《じきこうし》筑紫）の忠誠を賞し給うの詔」（第二二四詔）を発せられる。二十九年間職務に精励したので、詔を以て賞され、食封五十戸と絁十五疋など賜った。二十九年前からの精勤とあるので、斉明天皇末期からということになり、筑紫から百済救援軍を派兵する頃からで、その後のおよそ三十年はちょうど大伴部博麻が唐で奴隷として働いていた時期と重なる。その間、史益は筑紫で国難に立ち向かっていたことになる。

二月一日、公卿らに対し、仏法に精励するよう命じる詔を渙発された（「仏法を奉ぜしめ給うの詔」第二二五詔）。

この夏、長雨が続き、六月には京師《みやこ》をはじめ、諸国四十箇所で水害が発生した。

ここで六月九日、天皇は五穀の稔りを案じられ「この頃の長雨は季節に外れている。恐らく農作を損なうであろう。昼夜憂え恐れている。政治に何かの過ちがあるのではないか、公卿百官も酒肉を禁じ、心を修め過ちを悔いよ。畿内諸寺の僧らは五日間誦経《ずきょう》せよ」（第二二八詔）と詔される。

秋七月三日、伊予国の田中朝臣法麻呂《のりまろ》が宇和郡の白銀（銀）三斤八両を献上する。この時期既に伊予で銀が生産されていた。なお、一斤は十六両であるから、五十六両（約二十三キログラム）である。

十一月一日、天皇は前年正式に即位されたので大嘗祭を催行された。神祇伯中臣朝臣大嶋が天つ神の寿詞《よごと》を読んだ。大嶋は中臣鎌足・中臣金の後を継いだ中臣氏の氏上《うじのかみ》である。

天皇は十二月八日、詔され、新益京《しんやくのみやこ》の地で右大臣は宅地四町、直広弐（諸臣四十八階の十二位）以上は二町などと、位に応じて宅地を賜った。

皇紀一三五二年＝持統六年（六九二年）三月六日、天皇は伊勢に行幸され、二十日に帰朝された。そして四月二十五日、「凡そ獄囚、徒刑の者をみな放免するように」（大赦）と詔された。秋七月二日、全国に大赦を実施される。但し、十悪（国家社会を乱す特に重い罪）と盗賊は除外され、赦免されなかった。

五月二十三日、山背大兄王（聖徳太子の王子）の王子・難波王らを遣わし藤原宮の宮地の地鎮祭を催行させられる。

閏五月三日、大洪水があり、使いを諸国に遣わして、災害による困窮者に宮稲を貸し与えた上に、禁じていた山林池沢での猟を許され、飢饉対策を施された。

十一月八日、新羅が級飡《きゆうさん》（等級九位）の朴億徳《ぼくよくとく》らを遣わし調を奉った。唐の軍を引き入れて日本と敵対し百済を滅ぼした新羅が、ここでまた朝貢してくる。

唐の属国となった苦悩が見えるようである。現在の大韓民国が日本やアメリカに敵対し中華人民共和国に擦り寄っているが、現在の日本もアメリカも大韓民国（韓国）に優しい姿をしているのに似ている。

皇紀一三五三年＝持統七年（六九三年）二月三日、新羅が前年に続きまた沙飡《ささん》（等級八位）金江南《こんこうなん》らを遣わし、第三十一代王神文王の喪を伝える。

この年三月十七日、詔して全国に桑・紵《からむし》（繭草）・梨・栗・蕪青《かぶら》などの草木を植えることを奨励される。梨・栗・蕪青などは五穀の補完的役割を期待しての栽培奨励で、飢饉対策であった。

四月二十二日、官人の間で汚職事件が発生し、関与した者を解任し、あるいは降格処分にする。そして翌持統八年秋七月四日、前年の汚職事件を受け、全国に巡察使を派遣する。

巡察使は臨時に設置された官職（令外官）であって、諸国を巡り国司・郡司の治績を調査し、民の生活状態を視察して復命・上奏した。

皇紀一三五四年＝持統八年（六九四年）十一月二十六日、死刑以下の罪の者を赦免される。

この年十二月六日、藤原京が完成し、浄御原宮から藤原京へ遷都された。

藤原京は東西方向約一・四里（五・三キロメートル）、南北方向一・二里（四・八キロメートル）で、平城京を上回る古代最大の都である。

藤原京は持統天皇四年（六九〇年）に着工し、四年の歳月を経てこの年、持統八年に完成し、飛鳥浄御原宮から遷都された。それまでは、天皇ごと、あるいは一代の天皇が数度の遷宮を行われていたが、藤原京は持統、文武、元明と三代の天皇が続けて使用された宮となった。この遷都を記念して、親王から郡司に至るまで絁《ふとぎぬ》（太さ不揃いの糸で織った粗製の平織絹布）、綿、布を賜った。

皇紀一三五五年＝持統九年（六九五年）三月二日、新羅が王子・金良淋《こんろうりん》らを遣わし、国政報告を行い、調を奉った。王子を派遣し朝貢しているので、ここでは日本との関係を重視していることが分かる。しかし、この使節はその後帰った記録がないので、ここでの外交関係に彼らが成功したのかどうかははっきりしない。天皇に拝謁した記録もないので、日本側は使節を丁重に扱ったとは思えない。それに、これを機に新羅と日本の関係が良くなったということもない。

以前、皇紀一三二三年＝天智天皇二年（六六三年）、新羅は唐の軍隊を引き入れて唐の属国となっていたが、三十年余り経って再び日本に服属している。それだけ唐の属国になった悲哀を感じているということであろう。同時にまた、新羅は短期的利益しか考えず、目先で得になる方につくとも言える。

この年三月二十三日、多禰《たね》（種子島）に使いを遣わし、蛮《ひな》（朝廷に帰順しない未開の人）の居所を探させた。

五月二十一日、隼人の相撲が飛鳥寺の西の槻《つき》の木の下で行われ、皆が見物した。

七月七日、捕縛されていた盗賊百九人を赦免された。

二十六日、直広肆《じきこうし》（諸臣四十八階の十六階）の小野朝臣毛野（小野妹子の孫）、務大弐《むだいに》（二十七階）の伊吉《いき》連博徳《はかとこ》らが新羅に遣わされる。九月四日に出発した。

三ヶ月余り前に来朝した新羅使節の王子金良淋らの送使として派遣されたのかもしれないが、そうとは記録されてない。新羅との外交関係が正常であったとは思えない。

皇紀一三五六年＝持統十年（六九六年）七月十日、天武天皇の第一皇子・高市皇子（母は宗形徳善の娘、尼子娘）が薨去（四十二歳）される。

高市皇子の薨去を受け、皇紀一三五七年＝持統十一年（六九七年）二月十六日、軽皇子（文武天皇）が十五歳とまだ若かったが、立太子される。

皇族の筆頭であった太政大臣・高市皇子が薨去された後、持統天皇は皇族・公卿の官人らを召して皇太子の擁立について諮問された。

群臣はそれぞれ意見を言い、議論は紛糾した。この時、弘文天皇（天智天皇の第九皇子）の第一皇子であり、天智天皇の孫王である葛野《かどの》王（二十九歳）が直系による皇位継承を主張した。つまり、草壁皇子の王子・軽皇子の立太子を主張したのである。

この時、これまで皇位の兄妹継承の例はたくさんあったので、天武天皇の第九皇子の弓削皇子（二十五歳）が異議を差し挟もうとしたが、葛野王に一喝されたと言われる。その意味では、軽皇子の立太子は葛野王の発言が決したと言える。

㊳天智天皇→大友皇子（㊴弘文天皇）→葛野王

㊵天武天皇→高市皇子（母は宗形徳善の娘）→長屋王
→草壁皇子（母は㊶持統天皇）→軽皇子（㊷文武天皇）
→弓削皇子（母は天智天皇の皇女・大江皇女）

葛野王は壬申の乱で天武天皇に敗れて自害された大友皇子（弘文天皇）の第一皇子であるが、この時の皇位継承問題で決定的な役割を果たされたことになる。弓削皇子は天武天皇の皇子であり、葛野王は天智天皇の孫王であるから、世系は弓削皇子の方が一つ上であるが、やはり壬申の乱で自害され崩御された弘文天皇の皇子で年長とあって、その存在感は大きかったのであろうか。

高市皇子が薨去されて間もなくの八月一日、持統天皇は八年の在位、称制の期間を含めて十一年の在位で、皇太子・軽皇子（文武天皇）に譲位された。天武天皇から皇后の持統天皇に継がれた皇位は、予定されていた草壁皇子が早くに薨去されたので、孫の軽皇子（文武天皇）に継承されたのである。

皇紀一三五七年＝文武天皇元年（六九七年）八月一日、持統天皇の譲位により軽皇子（十五歳）が文武天皇として即位される。持統天皇は上皇になられた。そしてその直後に、藤原不比等《ふひと》の娘・藤原宮子が文武天皇の夫人《ぶにん》となる。

文武天皇が即位されて四年経った皇紀一三六一年＝大宝元年（七〇一年）、宮子が首皇子（聖武天皇）を産まれた。これによって首皇子の外祖父となった不比等とその息子たち（宮子の兄弟）の権勢が強くなっていく。

この文武天皇の御世の皇紀一三六一年＝文武天皇五年（七〇一年）三月二十一日、対馬嶋から金が献上され、元号が大宝と定められた。

大宝以前にも大化（皇紀一三〇五年―一三一〇年）、白雉（一三一〇年―一三一四年）、一年だけ存在した朱鳥（皇紀一三四六年）などの元号があったが、その後は元号制度としては断絶状態にあり、この文武天皇の御世、「大宝」の改元により元号使用が再開される。そしてこれ以降、元号制度は途切れることなく現在に至るまで続いている。

皇紀一三六二年＝大宝二年（七〇二年）十二月三日、退位されて五年後、持統上皇は病に罹られ、二十二日に五十八歳で崩御された。

一年間の殯《もがり》の後、火葬されて夫・天武天皇の陵に合葬された。天皇の火葬はこれが初の例となる。陵は檜隈大内陵《ひのくまのおおうちのみささぎ》（奈良県高市郡明日香村大字野口）、野口王陵（八角陵）である。

持統天皇の在位は称制期間も含め十一年と短かったが、律令制度を確立された天武天皇の後を受け、政務は極めて多忙であったと思われる。

天武天皇の政策を引き継ぎ、飛鳥浄御原令を制定して藤原京を造営し、伊勢神宮の式年遷宮を開始された。

持統天皇の役割は、天武天皇から我が子の草壁皇子に、結果としては孫の軽皇子に皇位を継承することであった。持統天皇は天智天皇の内親王であるから、女性天皇ではあるが女系天皇ではない、男系女性天皇である。

天皇は、在位期間中頻繁に吉野に行幸され、また先帝に引き続いて廣瀬大社（水神）と龍田大社（風神）を屡々《しばしば》祀らせられた。そして先の大伴部博麻をはじめとし、功労あるものには相応の位を授け賜物を与え、八十歳以上の老齢者や極貧の者には稲束などが与えられた。

夫の天武天皇が生前に、皇后（持統天皇）の病気平癒を祈願して造営を始められた、大和国の薬師寺を完成させ、これを勅願寺（天皇・上皇の発願で国家鎮護・皇室繁栄などを祈願して創建）とされた。

また天皇は万葉歌人としても「万葉集」巻一雑歌二十八に藤原宮御宇《ぎょう》天皇代として名を残しておられる。御製「春過ぎて　夏来るらし　白妙の　衣干したり　天香具山」は小倉百人一首にも選ばれている。

また、天武天皇に続いて、この御世でも盛んに大赦が行われ、罪人が頻繁に釈放された。

第四十三代 元明《げんめい》天皇

〔世系三十一　即位四十七歳　在位九年　宝算六十一歳〕

阿閇《あへ》皇女（元明天皇）は皇紀一三二一年＝斉明天皇七年（六六一年）、天智天皇の第四皇女として誕生された。母は蘇我倉山田麻呂の娘・姪娘《めいのいらつめ》である。先々代の持統天皇は十六歳年長の異母姉で、母方の祖父はともに蘇我倉山田麻呂である。また持統天皇は阿閇皇女にとっては、夫である草壁皇子の母であるから姑《しゅうとめ》でもあり、第三十九代弘文天皇は異母兄に当たる。

㊳天智天皇（中大兄皇子）
㊴弘文天皇（母は伊賀国造の娘の宅子娘《やかこのいらつめ》）
㊶持統天皇（母は蘇我遠智娘）→草壁皇子（父は㊵天武天皇）
阿閇皇女（㊸元明天皇）
姪娘（蘇我倉山田麻呂の娘）

姪娘の父・蘇我倉山田麻呂は、皇紀一三〇五年＝皇極天皇四年（六四五年）六月、中大兄皇子が中臣鎌足と共謀して入鹿の誅殺（乙巳の変）をはかった際に、朝鮮使の上表文を、大極殿で読み上げるという大役を果たした人物である。これが暗殺の合図となった。その意味では、「乙巳の変」を経て大化の改新に至る歴史上の大事件で大役を担った。

皇紀一三三九年＝天武天皇八年（六七九年）、阿閇皇女は十九歳で天武天皇と持統天皇の皇子で一歳年下の草壁皇子の正妃となられ、天武十二年軽皇子（文武天皇）を産まれた。

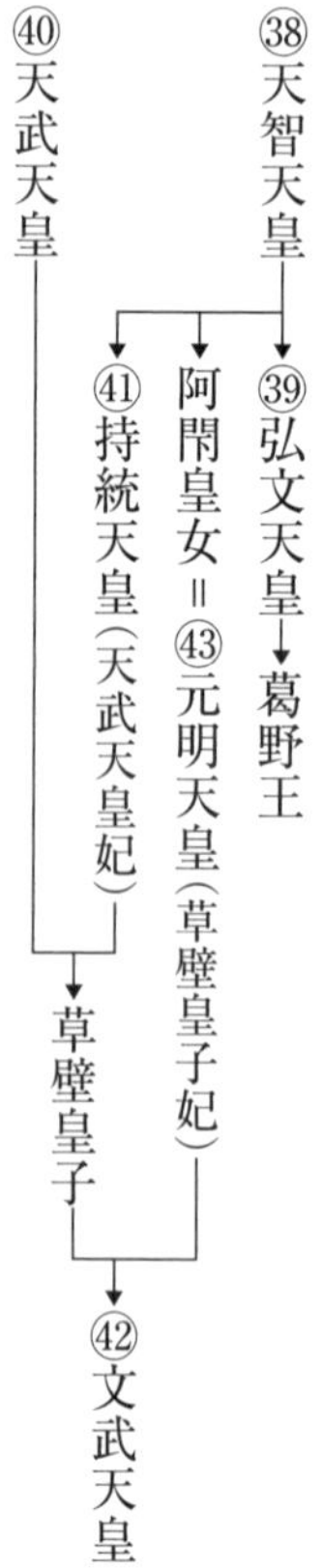

皇紀一三四九年＝持統天皇三年（六八九年）四月十三日、阿閇皇女の夫君で即位を予定されていた草壁皇子が二十八歳で薨去される。

ここで天武天皇が崩御されてから称制（即位せずに朝政を執る）しておられた天武天皇の皇后である鸕野讃良《うののさらら》皇女（持統天皇）が、持統四年（六九〇年）春一月一日、第四十一代持統天皇として正式に即位された（四十六歳）。即位を予定されていた皇太子・草壁皇子が前年薨去され、八歳となられた軽皇子（文武天皇）への中継ぎとして即位された。

皇紀一三五七年＝持統天皇十一年（六九七年）二月十六日、十五歳になられた草壁皇子の王子・軽皇子（文武天皇）が立太子される。そして半年後の八月一日、立太子された軽皇子が第四十二代文武天皇として即位された。

天武天皇、持統天皇の両天皇にとっての孫王・軽皇子が文武天皇として即位されたのである。

皇紀一三五七年＝文武天皇元年（六九七年）八月、持統天皇の譲位により軽皇子が即位された直後、藤原不比等の長女の宮子が文武天皇の夫人《ぶにん》（妃）となる。

文武天皇には同母姉に氷高《ひたか》皇女（のちの元正天皇）、同母妹に長屋王妃の吉備内親王がおられた。

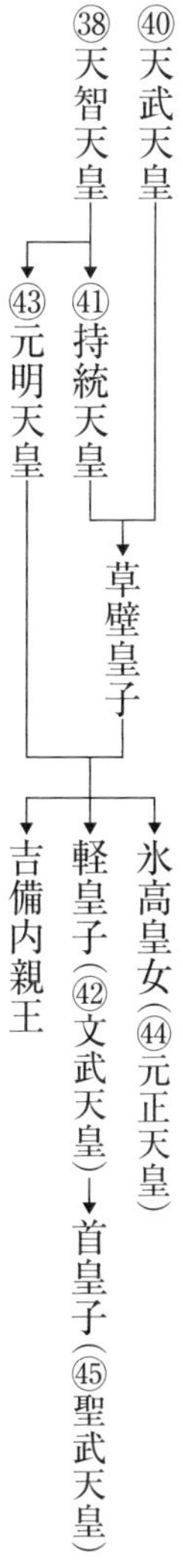

皇紀一三六一年＝大宝元年（七〇一年）、夫人《ぶにん》・宮子に首《おびと》皇子（のちの聖武天皇）が誕生される。ここで中臣鎌足（藤原鎌足）の子・藤原不比等が首皇子（聖武天皇）の外祖父となる。しかしその後、宮子は心的障害に陥り、長く皇子に会うことはなかった。
首皇子（聖武天皇）が即位された翌年皇紀一三八四年（七二四年）、宮子は正一位、大御祖《おおみおや》（文書では皇太夫人）の称号を受けられたものの病は癒えず、三十六年後の皇紀一三九七年＝天平九年（七三七年）にやっと平癒し、皇子の文武天皇と三十六年ぶりに対面できた。

先々帝・持統天皇が崩御されて五年後の皇紀一三六七年＝慶雲《けいうん》四年（七〇七年）四月、先帝の文武天皇が病に倒れ、六月十五日に在位十年、二十五歳で崩御された。父・草壁皇子に続いてまた若くしての崩御であった。

持統天皇も文武天皇も崩御され、残された孫の首《おびと》皇子（聖武天皇）はまだ七歳と幼かった。そこでこの年七月、中継ぎとして、首皇子の祖母であり先帝・文武天皇の母である阿閉皇女（天智天皇の第四皇女）が四十七歳で、史上初めて皇后を経ないで称制（実質は即位）を開始される。ただ、阿閉皇女は即位が予定されていた草壁皇子の妃であり、天智天皇の皇女であるから、皇后に準じた立場だったともいえる。

阿閉皇女（天智天皇の第四皇女）としては、我が子・文武天皇に早く先立たれたのでその子（首皇子）、つまり孫に皇位を継がせたいという気持ちは理解できるが、そのためにご自身が皇位を継ぐということは若干不自然の誹《そし》りを免れない。

崩御された天皇の皇后が中継ぎで即位されることは推古天皇、皇極天皇、持統天皇と先例があり、皇位継承のあり方としては、半ば定着していたともいえるが、その母が即位されたことはなく、皇位継承史上初めての例となった。

近くでは、天武天皇が草壁皇子を皇太子とされ、この草壁皇子が即位される前に薨去されたが、その時、軽皇子はまだ七歳であったため、中継ぎとして天武天皇の皇后である鸕野讚良皇女（持統天皇）が即位された。これを先例とすれば、文武天皇の皇子・首皇子が幼くて即位できないとしたら、中継ぎとして即位されるのは、文武天皇の皇后である夫人《ぶにん》・宮子ということになる。

しかし、文武天皇の皇后に相当する夫人・宮子は、前述の通り、心的障害を患っておられたため、即位はとても無理とされたのであろうか。

そこで、父の后で文武天皇の母である阿閇皇女（元明天皇）が即位されたのであった。阿閇皇女も天智天皇の皇女であるから男系女性天皇である。

藤原不比等の娘・宮子は文武天皇の皇后であり、首皇子（聖武天皇）の生母であるから、不比等はここで何としてでも、確実に外孫の首皇子に皇位を継がせたかったのである。

首皇子が即位されると不比等が天皇の外祖父となるのであるから、ここでは不比等の意向が大いに影響している。先々帝・持統天皇は既に崩御しておられ、この決定には関与してはおられない。従って、母である阿閇皇女ご自身と藤原不比等の意向で決定されたとみてよい。

この時、天武天皇の孫で高市皇子の王子・長屋王は既に十四歳で、即位できる環境にはあった。しかも長屋王は母が天智天皇の皇女・御名部《みなべ》内親王であり、皇位を継ぐべき皇統の人であった。だからこそ、後の聖武天皇の御世に起きた長屋王の悲劇に繋がったのである。

長屋王
（母方）㊳天智天皇→御名部内親王
（父方）㊵天武天皇→高市皇子
→長屋王

首皇子
（父方）㊵天武天皇→草壁皇子→㊷文武天皇
（母方）藤原不比等→藤原宮子
→首皇子

のちに首皇子（聖武天皇）が即位され、不比等の娘・光明子（宮子の異母妹）が皇后に立てられる。

そして、その首皇子の皇女（阿倍内親王）がのちに、第四十六代孝謙天皇として即位された時からは、皇位継承には特に藤原氏の影響が強くなっていく。

先々代・文武天皇の詔によって、中臣鎌足が死去直前に天智天皇から賜った「藤原」の姓《かばね》は、鎌足の子である不比等の子孫にのみが名告《なの》られると限定され、他の同族の姓は全て元の姓である「中臣」に戻されている（文武二年八月十九日、第二三八詔「不比等、意美麻呂等に関して下し給える詔」を参照）。従って、以後、藤原家から入内《じゆだい》する妃は全て不比等の末裔である。


【元明天皇の誕生】


皇紀一三六七年＝慶雲四年（七〇七年）六月十五日、文武天皇が二十五歳と若くして崩御されて、阿閇皇女（元明天皇）が称制を開始される。

そして一ヶ月経った七月十七日には「即位の宣命」が発せられ、一ヶ月称制しておられた阿閇皇女が元明天皇として正式に即位される。

阿閉皇女の称制期間が一ヶ月と極めて短く、従って、ここでも天武天皇の孫・長屋王（十四歳）の即位を排除したことに対しては疑問が残る。長屋王即位の議論が出る前に、時をおかずして即位されたようである。

十二月二十七日、「礼節振粛《しんしゆく》の詔」（第二六九詔）が発せられる。

「およそ政をなす道は礼を以て先となす。礼なくば言葉乱れむ。言葉乱れれば旨《むね》（天子の命令）を失はむ。……」と詔された。現在の野党議員に下して頂きたい詔である。

皇紀一三六八年＝慶雲五年（七〇八年）一月十一日、「和銅改元の宣命」が発せられ、元号が慶雲から和銅《わどう》に改元される。

武蔵国秩父郡（埼玉県秩父市黒谷）から、和銅《にきあかがね》と呼ばれる銅塊が発見され、これが朝廷に献上されたので、祝して年号が慶雲から和銅に改められた。

和銅に改元したことで和同開珎が鋳造される。

これは日本で最初の流通貨幣であり、皇朝十二銭の最初である。通貨単位は一文《もん》として通用し、当初は一文は米およそ一升三合（二キログラム）、成人一日分の労働力に相当した。そして、文は「一文にもならない」とか「三文の得」とか、現在の言葉に通じている。

この時期は、皇紀一三六一年＝大宝元年（七〇一年）に作られた大宝律令を整備し、運用していく時期であり、実務に長けていた右大臣・藤原不比等（中臣鎌足の次男）が活躍する。

この年、庄内地方の出羽に出羽柵《でわのさく》が築かれる。そして、この柵は周辺地域を統治する行政機関の機能も果たした。

二月十五日、天皇は平城京の地に新都造営の詔を渙発される（「平城遷都の詔」〈第二七一詔〉）。

この平城京は、後の聖武天皇の御世、天平十二年、恭仁《くに》京や難波京へ遷都されて一時的に放棄されるが、天平十七年には、再び平城京に遷都され、その後、延暦三年（七八四年）に長岡京に遷都されるまで、およそ七十五年間、都として政治の中心地であった。

皇紀一三六九年＝和銅二年（七〇九年）一月二十五日、「私鋳銭を禁じ給うの詔」（第二七七詔）が発せられる。「私《ひそか》に銀銭を鋳造した者は官位を剝奪する」と詔された。

二月一日、元明天皇は「観世音寺の営造を促し給うの詔」（第二七八詔）を発せられる。父帝・天智天皇が百済救援の派兵のために筑紫に行幸しておられた間にこの地で崩御された、父帝の母である斉明天皇＝皇極天皇（元明天皇の祖母）を祀るために発願された観世音寺（太宰府市）の造営を催促される。

十月十一日、「造平城京司に墳隴《ふんりよう》を発《あば》くことなからしめ給うの勅」（第二八一詔）を発せられる。もし発《あば》くことあったら埋め戻して、祀《まつ》って魂を慰めよと詔された。「陵を発いてはいけない」と詔しておられる。

現在、御陵の発掘調査を要望する声も大きくなっているが、それはこの詔に反することに留意する必要がある。最近宮内庁が仁徳天皇陵を発掘調査しているが、これは明らかにこの詔に反している。

十月十四日、詔「浮浪及び逃亡の仕丁を私《ひそ》かに駈使《くし》するを禁ずるの制」（第二八二詔）を発せられ、百姓が浮浪者や逃亡した仕丁を見逃して、匿《かくま》ったりしないよう詔された。浮浪、逃亡を助長することになるからである。

十月二十八日、「調租を免じ給うの詔」（第二八三詔）を発せられる。遷都に伴っての百姓の負担増を考慮され、この年の調租を免除された。

皇紀一三七〇年＝和銅三年（七一〇年）三月七日、「妄《みだり》に畿外の人を帳内資人《ちようないしじん》に用うるを停むるの制」（第二八四詔）を発せられる。帳内は親王・内親王の護衛や雑役を務めた下級官吏、資人は臣下に仕えた役人である。畿外の人を帳内資人に用いていることを戒められた。

三月十日、藤原京から平城京に遷都する。

藤原氏が興福寺の造営を願い出る。

南都七大寺の一つで、藤原氏の祖である中臣（藤原）鎌足とその子の藤原不比等ゆかりの寺院であり、藤原氏の氏寺である。現在では「古都奈良の文化財」の一部として世界遺産に登録されている。

左大臣石上《いそのかみ》麻呂（正二位・右大臣）を藤原京の管理者として残したため、新都の平城京では右大臣・藤原不比等が事実上の最高権力者となった。なお、石上麻呂は壬申の乱では大友皇子（弘文天皇）の側につき、皇子の自害まで付き従ったが、のちに赦《ゆる》されて遣新羅大使となり、晩年の数年は太政官の最高位者であった。姓は物部連である。

皇紀一三七一年＝和銅四年（七一一年）六月二十一日、「膏雨《こうう》（恵みの雨）を嘉し給うの詔」（第二八七詔）を発せられる。前年長雨が続き麦の収穫ができず、今夏は旱《ひでり》で稲田に被害が出て、天皇はこの度の雨を喜ばれた。

七月一日、「諸司の怠慢を戒め律令を厳守せしめ給うの詔」（第二八八詔）を発せられ、律令が実施されて久しいが、必ずしも実行されていないのでこれを戒められた。

九月二日、「衛士《えじ》の選を厳にせしめ給うの詔」（第二八九詔）を発せられる。衛士は勇武の者を選んで交替させよと詔された。衛士は諸国の軍団から交代で上洛し、宮中護衛についた兵士たちである。

十月二十三日、「蓄銭叙位の詔」（第二九二詔）を発布される。

和同開珎の流通を促進するため、和銅四年、蓄銭叙位令が発布される。和同開珎が発行されたが、あまり流通しなかったようで、一定量の和同開珎を蓄えた者に位階を与えるよう定め、この通貨の政府への還流を図って施行された法令である。しかし、これは銭で官位を買うというような結果になった。

十月二十三日、「私鋳銭を禁じ給える勅」（第二九三詔）を発せられる。処罰が厳しくされ、私鋳銭者は斬首刑とされた。和銅二年（七〇九年）一月にも同じ詔（第二七八詔）が発せられているが、この時の罰則は官位剥奪で比較的軽いものだった。

十二月六日、「山野を占むるを禁じ給える詔」（第二九五詔）を発せられる。親王や公卿が多くの山野を占有して百姓の仕事の妨げとなっているので、これを禁じられた。

【伏見稲荷の建立】

この年、伏見稲荷が建立される。全国におよそ三万社ある稲荷神社の総本山である。伊侶巨《いろこ》秦公《はたのきみ》が勅命を受けて稲荷山の三つの峯に、それぞれの神を祀ったことに始まる。元々は京都一帯の豪族・秦氏の氏神であった。

皇紀一三七二年＝和銅五年（七一二年）一月、太安万侶が天武天皇から編纂を命じられていた日本最古の歴史書である『古事記』が完成し献上される。

和銅元年に出羽柵を築いたが、この年和銅五年九月二十八日、出羽国（山形県と北東部を除いた秋田県）を建てる。

一月十六日、「諸国の役民《えきみん》を賑恤《しんじゅつ》せしめ給うの詔」（第二九六詔）を発せられ、諸国の役民が郷里に帰る日、国司は勤《つと》めて食料を与えよと詔された。

九月十九日、従五位下・道君首名《みちのきみおびとな》（大彦命の孫・彦屋《ひこや》主田心命《したごりのみこと》の後裔・阿倍氏の一族）が遣新羅大使に任じられる。十月二十八日、出発の拝謁をする。

皇紀一三七三年＝和銅六年四月三日、丹後国・美作国・大隅国を建てる。

四月二十五日、「式部省に下されし制」（第三〇七詔）を発せられる。人物の才能を評定し、優劣を決めるのは式部省の任務であるから、他省より責任が重く、勲功や業績を議論するときは、必ず式部長官が出席するようにと詔される。

この年五月、天皇は各令制国（律令国）の国庁に風土記の編纂を命じられた。内容は郡郷の名、産物、土地の肥沃の状態、地名の起源、伝えられている口伝などが記載された。このうち写本として五つが現存し、「出雲国風土記」がほぼ完本として、「播磨国風土記」、「肥前国風土記」、「常陸国風土記」、「豊後国風土記」が一部欠落はあるものの、ほぼ完本として残っている。その他の国の風土記は、後世の書物の逸文に引用されて、部分的に残っているだけである。

八月十日、遣新羅大使として前年十月に出発した道首名《みちのおびとな》が帰国する。

九月十九日、「和銅四年以前の出擧《すいこ》稲粟の未だ償《つぐな》はざる者を免除し賜うの詔」（第三一〇詔）を発せられ、和銅四年以前の償還を免除された。民は債務の累積から解放された。

十月八日、「格《きやく》に過ぐる寺の寺田を還収するの制」（第三一一詔）を発せられ、今後は格の規定を超えている寺田は返還させられた。

皇紀一三七四年＝和銅七年六月二十三日、「祈雨《きう》の詔」（第三一七詔）を発せられ、幣帛《みてぐら》を諸社に奉じ、降雨を祈願された。

六月二十五日、文武天皇の第一皇子・首《おびと》皇子（聖武天皇）が十四歳で元服され、同時に立太子される。因みに、この時、長屋王は三十一歳であった。長屋王は天武天皇の孫王で、首皇子は曾孫王である。

長屋王が立太子して即位され、その後首皇子が立太子されるというのが順当なところであったように思われる。長屋王の母は天智天皇の皇女の御名部皇女で首皇子の母は藤原宮子であり、その違いだけで長屋王が退けられたということのようである。片《かた》や母は内親王、片や藤原宮子なのである。

十一月十一日、新羅が重阿飡《じゅうあさん》（官位十七等の第六位）金元静ら二十余人を派遣して朝貢した。十一月十五日、使者を遣わし筑紫で迎えさせた。

十二月五日、少初位下の太朝臣遠建治《おおのあそんおけじ》らが、南島の奄美・球美《くみ》（久米島）、信覚《しんかく》（石垣島）などの島民五十二人を率いて帰朝した。

十二月二十六日、先に来朝した新羅の朝貢使金元静ら二十余人が平城京に入京する。

皇紀一三七五年＝和銅八年（七一五年）一月一日、皇太子（首皇子）がはじめて朝賀に列せられた。この日、陸奥・出羽の蝦夷と南島の奄美・夜久（屋久島）・度感《とこ》（徳之島）・信覚（石垣島）・球美（久米島）などの島民が土地の産物を献上した。南西諸島と朝廷との結びつきが強まる。

三月二十三日、新羅の金元静らが四ヶ月滞在し帰国した。真綿五四五〇斤（およそ三・三トン）と船一艘賜った。

九月二日、元号を和銅から霊亀《れいき》に改元する。

この日、元明天皇が、自身の老いを理由に譲位されることとなり、先帝・文武天皇の皇子である皇太子・首皇子（聖武天皇）が十四歳となられたが、まだ若いということで、更なる中継ぎとして、娘の氷高《ひたか》内親王（文武天皇の同母姉）が母である元明天皇から譲位を受け、三十六歳で即位される（第三二四詔「譲位の詔」)。

この母から娘への変則的な譲位も、藤原不比等の意向によって行われたと思われる。

先帝の元明天皇は九年の在位で五十六歳であった。

皇紀一三七七年＝霊亀三年（七一七年）十一月十七日、元号を養老に改元する。

皇紀一三八〇年＝養老四年（七二〇年）八月三日、藤原不比等（六十二歳）が死去する。

不比等が死去した翌年皇紀一三八一年＝養老五年（七二一年）五月、元明上皇は病に倒れ、十一月、娘（吉備内親王）婿の長屋王（高市の皇子の子、天武天皇の嫡孫）と藤原房前《ふささき》（不比等の次男）に後事を託し、さらに遺詔として葬送の簡素化を勅され、十二月七日に六十一歳で崩御された。

娘の氷高内親王（元正天皇）に譲位されてから五年後のことであった。

陵は奈良市奈良阪町にある奈《な》保《ほ》山《やま》東陵である。

第四十四代　元《げん》正《しょう》天皇

〔世系三十二　即位三十六歳　在位十年　宝算六十九歳〕

氷高《ひたか》皇女（元正天皇）は皇紀一三四〇年＝天武天皇九年（六八〇年）、天武天皇と持統天皇の皇子として誕生された草壁皇子の女王として誕生された。母は先帝の元明天皇（天智天皇の第四皇女）である。

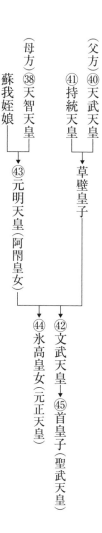

先々帝・文武天皇は氷高皇女の三歳年下の同母弟であり、ここで同母弟から母へと皇位が移り、そして更にその皇位がそこから娘（先々帝・文武天皇の同母姉）へと継承されている。

（父方）㊵天武天皇・㊶持統天皇 → 草壁皇子

（母方）㊳天智天皇・蘇我姪娘 → ㊸元明天皇（阿閇皇女）

草壁皇子・㊸元明天皇 → ㊷文武天皇 → ㊺首皇子（聖武天皇）

草壁皇子・㊸元明天皇 → ㊹氷高皇女（元正天皇）

氷高皇女が二十五歳になられた皇紀一三六七年＝慶雲四年（七〇七年）、文武天皇が在位十年、二十五歳で崩御され、その遺児である首《おびと》皇子（のちの聖武天皇）が七歳とまだ幼かったため、中継ぎとして文武天皇の母である阿閇皇女が元明天皇として即位された。この時、天武天皇の孫である長屋王は既に二十四歳であった。

【元正天皇の誕生】

皇紀一三七五年＝和銅八年（七一五年）九月二日、元号が和銅から霊亀《れいき》に改元される。

この日、先帝の元明天皇が、自身の老いを理由に譲位されることとなり、文武天皇の皇子で皇太子の首皇子（聖武天皇）が十四歳となられたが、まだ若いということで、更なる中継ぎとして娘の氷高内親王（首皇子の伯母）が母の元明天皇から譲位を受け、三十六歳で即位される（第三二四詔、「譲位の詔」）。元明天皇は九年の在位、宝算五十六歳であった。

ここで母（元明天皇）から娘の氷高内親王（元正天皇）へ譲位されたのであるが、氷高内親王の父は天武天皇の皇子の草壁皇子であるから、氷高内親王は天武天皇の孫女王であり、女系天皇ではなく男系女性天皇である。

ここでもまた長屋王（天武天皇の孫・高市皇子の王）の存在が気になるところである。「皇太子が十四歳となられたが、まだ若いから」ということで（首皇子の）姉の氷高皇女が中継ぎとして即位されたが、この時、長屋王は三十二歳、氷高内親王は三十五歳であり、わざわざ女性天皇にするのではなく、立派な皇統の人である「長屋王」が即位されるべきであったとも考えられる。

この時の皇位継承が元明天皇から元正天皇へ、母から娘へと譲位され、極めて不自然な皇位継承が行われているのは、偏《ひとえ》に長屋王の即位を避けるためであったと考えられるのである。やはりここでも藤原不比等の存在がそれだけ大きく、不比等の意向が大きく影響している。

皇位は次のように継承された。

㊵天武天皇→㊶持統天皇（天武天皇の皇后）→㊷文武天皇→㊸元明天皇（天智天皇の皇女・文武天皇の母）→㊹元正天皇（氷高内親王、元明天皇の皇女、文武天皇の異母姉、聖武天皇の伯母）→㊺聖武天皇（首皇子）

即位された氷高内親王（元正天皇）は女性天皇としては五人目であるが、それまでの女性天皇が皇后や皇太子妃であったのに対し、結婚せず独身で即位された初めての女性天皇となられた。ここで即位された元正天皇は、長屋王の妃・吉備内親王がご自身の妹であることから、長屋王には厚い信頼を寄せておられたといわれる。しかも、先帝・元明天皇は崩御にあたって、藤原房前と長屋王に後事を託しておられる。

しかし、ここに首皇子（聖武天皇）の外祖父となった右大臣・藤原不比等の「首皇子を即位させる」という固い意志が明確に表れている。娘・宮子を文武天皇の妃として入れて夫人《ぶにん》とし、夫人に首皇子が誕生したのであるから、何としてでもこの首皇子を即位させるという意志は固かったようである。

更に、不比等は娘の光明子（宮子の異母妹）を、首皇子（聖武天皇）が皇太子時代に妃として入内《じゅだい》させている。そして、養老二年（七一八年）には、聖武天皇と光明子との間に阿倍内親王（のちの孝謙＝称徳天皇）が誕生された。その後、神亀《じんき》元年（七二四年）には、首皇子の即位とともに娘・光明子が夫人となる。

こうして外孫・首皇子を即位させ、権勢を強めていく不比等にとって、何といっても厄介な問題は長屋王の存在であった。長屋王の父方の祖父は天武天皇、母方の祖父は天智天皇で、出自に申し分のない皇統の人であり、環境が整えば当然即位される立場にあられた。対して、首皇子は父方の曾祖父が天武天皇で、母方は祖父が不比等である。

㊵天武天皇→高市皇子→長屋王（母は天智天皇の皇女の御名部皇女、元明天皇の同母姉）
　　　　　→草壁皇子→㊷文武天皇→首皇子（母が不比等の娘・宮子）

【元正天皇の御世】

皇紀一三七六年＝霊亀《れいき》二年（七一六年）、朝廷は武蔵国に高麗郡《こまぐん》（現・埼玉県日高市）を設置し、東海道七ヶ国から一七九九人の高句麗人を高麗郡に移住させる。ここに高麗若光《こまのじゃくこう》を主祭神とする高麗神社がある。

高麗若光は皇紀一三二六年＝天智五年（六六六年）、高句麗からの使者の一員として来日したが、その高句麗が二年後の天智七年（六六八年）、唐と新羅の連合軍によって滅ぼされたため、帰国の機会を失って日本に帰化した。そして文武天皇、元明天皇、元正天皇と三代に仕えている。

三月二十七日、河内国から和泉郡・日根郡を割き、さらに河内国大鳥郡をあわせて和泉監《いずみのげん》（和泉国）を新設する。

十一月十九日、元正天皇即位で大嘗祭を催行される。遠江が由機田《ゆきでん》を奉仕し、但馬国が須機田《すきでん》を奉仕した。

皇紀一三七七年＝霊亀三年（七一七年）二月十一日、天皇は難波宮に行幸される。

三月、多治比《たじひ》縣守《あがたもり》を押使《おうし》（長官）、大伴山守を大使とする第九次遣唐使を派遣する。玄昉《げんぼう》、吉備真備、阿倍仲麻呂ら留学生を含め五五七人を派遣する。

この一行のうち、阿倍仲麻呂は唐で科挙に合格して唐の玄宗に仕え、唐における諸官を歴任して唐の高官となる。そして結局、日本への帰国を果たせずに唐で客死した。

吉備真備は十七年後に帰路につき、途中、嵐に遭い種子島に漂着するが、皇紀一三九五年＝天平七年（七三五年）、多くの典籍を携えて帰朝した。


四月二十三日、「僧尼の妄行《もうこう》を禁じ給うの詔」（第三三六詔）が発せられ、行基の行動を戒める。

僧の行基はこの詔をもって糾弾されて弾圧を受け、仏教の布教活動を禁止される。この時代、推古天皇の御世以降、朝廷が僧・尼を管理しており、仏教の一般民衆への布教を禁じていたが、行基はこの禁を破り、畿内を中心に庶民に広く仏の教えを説き、庶民から崇敬されていた。

また、修行道場として多くの寺を建て、溜池十五窪、溝と堀九筋を開削し、橋を六ヶ所架け、また困窮者のための布施所九ヶ所を開いた。


行基は河内国（後に和泉国）大鳥郡に生まれ、皇紀一三四二年＝天武天皇十一年（六八二年）に十五歳で出家し、飛鳥寺（官大寺）で法相宗などの教学を学んだ。彼の師とされる道昭は、入唐して玄《げん》奘《じょう》の教えを受けている。

最初は朝廷からは弾圧されたが、民衆の支持があって、これが後に聖武天皇に認められ、奈良東大寺の大仏建立にあたっての実質上の責任者として招聘される。そして大仏建立の功績により東大寺「四聖」の一人に数えられ、天平十七年（七四五年）には朝廷から日本最初の大僧正の位を贈られた。

四聖は東大寺建立における、本願の聖武天皇、開基の良弁《ろうべん》、勧進の行基、（東大寺の大仏開眼の法会の）

導師の婆羅門《ばらもん》僧正である。

この年、霊亀三年（七一七年）五月二日、能登国・安房国を建てる。

五月十七日、「課役を避けて浮浪する者を私《ひそか》に駆使するを禁ずの詔」（第三三七詔）を発せられ、課税逃れで浮浪する者を雇うことを禁じ、浮浪の発生を阻止する。

九月、全ての民戸に陸田が給される。

十月二十一日、藤原不比等の次男・藤原朝臣房前《ふささき》（三十六歳）が朝政の審議に参加する。

十一月八日、高句麗・百済の士卒が本国の戦乱に遭って、天皇の治政下に帰服した。朝廷では遠隔の地から来たことを憐れんで租税負担を終身免除とした。

十一月十七日、元号が霊亀から養老に改元される。

さらに、この年養老元年、藤原不比等らが中心となって養老律令の編纂を始める。大宝律令に続く律令として制定され、律（刑法）十巻十二編、令（行政法）十巻三十編からなり、これが古代日本の政治体制を規定する根本法令となる。律は刑罰についての規定で、令は一般行政に関する規定である。

皇紀一三七八年＝養老二年（七一八年）三月二十日、小野朝臣馬養《うまかい》（小野妹子の孫）が遣新羅大使に任じられる。五月二十三日、天皇に暇《いとま》請いした。

八月十四日、出羽と渡島《わたりじま》（北海道）の蝦夷八十七人が入京し、馬千疋を献上した。

十二月十三日、遣唐使の多治比縣守らが唐から帰朝し、十五日、ほぼ全員無事帰京して、節刀を返上した。

皇紀一三七九年＝養老三年（七一九年）二月十日、遣新羅大使の小野馬養が九ヶ月の長い滞在を終え帰朝した。

五月七日、新羅の貢朝使・級飡《きゅうさん》金長言ら四十人来朝する。

六月十日、皇太子の首皇子（十九歳）が初めて朝政に参与した。

七月十三日、令外官として、地方行政を監督する按察使《あぜち》が新設され、藤原不比等の三男の宇合《うまかい》（二十五歳）が安房・上総・下総の按察使に任じられる。

七月二十一日、新羅使金長言らを饗応され、禄を賜った。そしてこの日、大外記の白猪史《しらいふひと》広成が遣新羅大使に任じられ、八月八日、出発の拝謁をした。

閏七月十七日、新羅の貢朝使金長言らが帰国した。

十月十七日、「皇太子輔佐の任を命じ給うの詔」（第三四五詔）を発せられ、天皇は舎人親王と新田部親王の両親王に皇太子・首親王（聖武天皇）の補佐を命じられる。首親王への譲位の準備である。

皇紀一三八〇年＝養老四年（七二〇年）正月二十三日、渡島と津軽の津司《つのつかさ》である従七位上の諸君鞍男《もろきみくらお》ら六人を粛慎《みしはせ》（満洲）の靺鞨《まつかつ》国に遣わし、その風俗を視察させた。斉明天皇四年（六五八年）に阿倍比羅夫が日本海側を北は北海道まで侵攻して蝦夷を服属させ、粛慎と交戦して以来、六十二年ぶりのことであった。

二月二十九日、大隅守・陽侯《やこ》史麻呂の殺害に端を発した隼人の反乱が起き、三月四日大伴旅人《たびと》が征隼人持節大将軍に任命され反乱の鎮圧にあたる。

五月、先帝・元明天皇の御世に完成した『古事記』に続いて、日本の正史としての『日本書紀』が完成する。六国史の第一で、舎人親王らが編纂に当たっていた。神代から第四十一代持統天皇の御世までを扱う日本の正史である。漢文・編年体で書かれ、全三十巻で、系図一巻が付属している。

六月十七日、「使を遣わし将軍大伴旅人の労を慰問せしめ給うの詔」（第三四九詔）を発せられ、隼人の反乱を鎮定した大伴旅人を労《ねぎら》われた。大伴旅人は家持《やかもち》の父で、文武天皇、元明天皇、元正天皇、聖武天皇の四代に仕えた。

八月一日、「藤原不比等の病を憂え天下に大赦し給うの詔」（第三五一詔）を発せられる。しかしこの直後八月三日、右大臣・藤原不比等は死去した（六十二歳）。

八月十二日、先の隼人の反乱鎮圧に出征していた大伴旅人に「征隼人大将軍大伴旅人の入京を許し副将軍以下は現地に屯《たむろ》せしめ給うの勅」（第三五四詔）が発せられる。不比等の死去（八月三日）を受け、大隅に出征していた旅人は京に帰還させ、後は副将軍らに任せた。戦場は霧島市国分平野が中心で、鎮圧には一年半を要した。


【年号「令和」の典拠】

この大伴旅人は八年後太宰師《だざいのそち》に任じられ、太宰府に滞在中の天平二年（七三〇年）一月十三日、旅人の邸宅で宴を催し、その時の歌が万葉集に撰集されているが、その序文から今回の御世代わりで決められた元号「令和」が生まれている。

なお、『万葉集』の編纂に関わった歌人の大伴家持はこの大伴旅人の息子である。

九月二十八日、蝦夷が陸奥国按察使《あぜち》の上毛野廣人を殺害するという史上初の大規模な蝦夷の反乱が勃発した。当時の朝廷は藤原不比等が八月三日に死去し、長屋王が政権を握ったばかりであった。

ここで、多治比縣守《あがたもり》が皇紀一三七七年＝霊亀三年（七一七年）、遣唐押使《おうし》として唐に渡ったとき、遣唐使節団を率いた統率力と、東国武蔵国守を務めた経験を買われ、節刀を賜って二度目の征夷大将軍に任じられた。

宮城県大崎市に残る官衙遺跡の権現山遺跡、三輪田遺跡、南小林遺跡により、この地域の施設が火災で焼失していることが判明しており、これが養老四年（七二〇年）の反乱によるものと推定されている。多治比縣守は、征夷大将軍に任じられてから半年後の養老五年（七二一年）四月五日、乱を鎮圧して帰還し、六月二十六日に中務卿《なかつかさきょう》に任ぜられた。

この年、諸君鞍男《もろきみくらお》ら六人が渤海《ぼっかい》国に遣わされる。渤海国は満洲から朝鮮半島北部にあった国で、皇紀一三五八年＝文武天皇二年（六九八年）大祚栄《だいそえい》が建国した。遼に滅ぼされるまで、およそ二三〇年存続した国である。日本とは終始交流があり、日本に敵対することはなかった。

皇紀一三八一年＝養老五年（七二一年）一月五日、不比等亡き後、息子の四兄弟（武智麻呂、房前、宇合、麻呂）は武智麻呂、房前以外はまだ若く、長屋王（四十五歳）が従二位を授与され、右大臣に任命されて、事実上朝政を任される。

武智麻呂は四十二歳、房前四十一歳、宇合二十八歳、麻呂二十七歳で長屋王は四十五歳であった。長屋王の父は天武天皇の皇子の高市皇子、母は天智天皇の皇女の御名部《みなべ》皇女（元明天皇の同母姉）である。つまり、父方の祖父は天武天皇、母方の祖父は天智天皇である。

三月七日、天候不順で干害・水害が起き、「調役を免じ給うの詔」（第三六一詔）を発し、調を免じ、役を停止された。

五月六日、太上天皇（元明上皇）が病に罹られ、「御不予のため入道・得度を聴《ゆる》し六郡の門徒を励まし平復を祈り給うの詔」（第三六三詔）を発せられる。

七月二十五日、「放生の詔」（第三六九詔）を発せられ、鷹司の鷹と犬、大膳職《だいぜんしき》の鵜、諸国の鶏と猪を全て放つよう勅され、鷹司の官人と大膳職の長上を廃止された。

九月十一日、首皇子（皇太子）の井上第一女王（五歳）が伊勢神宮の斎王に卜定《ぼくじょう》され、六年後の神亀四年（七二七年）、伊勢に下向される。

しかし、のち皇紀一四〇四年＝天平十六年（七四四年）一月十三日、井上女王は同母弟の安積《あさか》親王が薨去されたので、斎王の任を解かれ都に戻された。女王は内親王となられ、後に白壁王（光仁天皇）の妃となられる。そしてのち、天平勝宝六年（七五四年）に酒人《さかひと》内親王を、天平宝字五年（七六一年）には他戸《おさべ》親王を産まれる。

十月十三日、太上天皇（先代・元明天皇）は、「長屋王、藤原房前を召して後事を托し給うの詔」（第三七〇詔）を発せられた。また、十月二十四日には元正天皇が「藤原房前に帝業輔翼《ほよく》を命じ給うの詔」（第三七二詔）が発せられ、房前が元正天皇補佐という重責を担うこととなった。

皇紀一三八二年＝養老六年（七二二年）二月二十七日、「交易の法を定め二百銭を以て一両の銀に充てしめ給うの詔」（第三七五詔）を発せられ、銭二百文を銀一両に当て、銭を使用する上での便宜を図り、民が利を得ることができるようにされた。

四月二十二日、朝廷は百万町歩開墾計画を立てる。主として奥羽を対象としていた。先の蝦夷の反乱もあり、蝦夷地の開発を国策の一つに掲げた。しかし、実現した開墾地はおよそ十万町歩であったという。


皇紀一三八三年＝養老七年（七二三年）二月十四日、「農蠶《のうさん》を勧め戸頭《ことう》の百姓に種子、布、桑を賜うの詔」（第三八三詔）を発せられ、農家が家業を失うことのないよう詔された。

四月十七日、格《きやく》（律令の修正法令）として「三世一身法」を発布する。灌漑施設（溝や池）を新設して開墾を行った場合は、その開墾者から三代までの墾田私有を認めて、墾田を奨励した。結果としては格を造ることで律令の修正をすることとなった。


皇紀一三八四年＝養老八年（七二四年）二月四日、元号が養老から神亀《じんき》に改元される。

この日、元正天皇は二十四歳になられた首皇子《おびと》（聖武天皇）に皇位を譲られ上皇となられる。十年の在位、四十四歳であった。元正天皇は首皇子が成長するまでの中継ぎであった。

しかし、元正天皇は退位後も後見人としての立場で、異母弟である聖武天皇をよく補佐された。そして、長屋王が正二位左大臣に任じられる。


皇紀一四〇八年＝天平二十年（七四八年）五月二十二日、元正天皇は次の聖武天皇の御世に、六十九歳で崩御される。生涯独身を通され、弟・文武天皇（三歳年少）の皇子で甥に当たる首皇子（聖武天皇）が即位されるまでの中継ぎ天皇を務められた。

歴代天皇の中で唯一、母から娘へと女系での継承が行われたように見える天皇であるが、父親は男系男子の皇族である草壁皇子であるから、男系の血統は維持されており、決して女系天皇ではない。男系女性天皇である。

第四十六代　孝謙《こうけん》天皇

〔世系三十四　即位三十二歳　在位十年　宝算五十三歳〕

阿部内親王（孝謙天皇）は皇紀一三七八年＝養老二年（七一八年）、先帝・聖武天皇の第二皇女として誕生された。母は史上初めて皇族以外の臣民（藤原氏）から皇后に立てられた光明皇后（光明子）である。

皇后（光明子）の父は藤原不比等、母は県犬養《あがたいぬかい》橘三千代である。夫君・聖武天皇の母である藤原宮子は光明皇后の異母姉である。つまり、聖武天皇にとって母・宮子と夫人・光明子とは異母姉妹ということになる。

第四十四代元正天皇（女性天皇）の後を受けて、藤原氏が待望していた藤原不比等の外孫に当たる首《おびと》皇子が聖武天皇として即位されたが、そのあと聖武天皇の皇女・阿倍内親王がまた女性天皇の孝謙天皇として即位された。

【藤原不比等の子たち】

中臣（藤原）鎌足→藤原不比等→武智麻呂（母は蘇我娼子《まさこ》、南家の祖）

（母・蘇我娼子）→房前（北家の祖）

（同右）→宇合（式家の祖）
（母・五百重娘《いおえのいらつめ》）→麻呂（京家の祖）
（母・賀茂小黒麻呂娘・賀茂比売）→宮子
（母・県犬養三千代）→光明子（聖武天皇の皇后、孝謙＝称徳天皇の母）
（同右）→多比能《たびの》（橘諸兄妃）
→長娥子《ながこ》（長屋王妃）

なお、麻呂の母・五百重娘《いおえのいらつめ》は鎌足の娘で不比等の異母妹であり、もと天武天皇妃であった。そして天武天皇の皇子・新田部《にいたべ》親王を産んでおられる。天武天皇の崩御後に不比等の妃となる。また、光明子の母・県犬養三千代（橘三千代）は県犬養東人の娘で、もと美努《みぬ》王（敏達天皇の曾孫）の妃で葛城王（臣籍降下後の橘諸兄）を産んでいる。

武智麻呂・房前・宇合の母は蘇我娼子であるが、この娼子は蘇我倉麻呂の孫娘、馬子の曾孫娘である。ここで藤原氏（中臣氏）と蘇我氏が姻戚関係で結ばれている。皇紀一三〇五年＝皇極天皇四年（六四五年）六月、「乙巳の変」で藤原氏の祖である中臣（藤原）鎌足が蘇我入鹿を誅殺したおよそ五十年前の大事件も、蘇我娼子《まさこ》が不比等（鎌足の息子）の妃になることで水に流されたのであろうか。

蘇我馬子→倉麻呂→連子→娼子（鎌足の息子である不比等の妃）
　　　　→蝦夷→入鹿

【不比等は天智天皇のご皇胤という説】

不比等は実は鎌足の子ではなく、中大兄皇子（天智天皇）のご落胤《らくいん》であるという説がある。『公卿補任』（朝廷歴代の職員録）の不比等の項には「実は天智天皇の皇子云々、内大臣大職冠《だいしきかん》（官位の最上位）鎌足の二男一名史《ふひと》（不比等）、母は車持国子君の女《むすめ》、与志古《よしこの》娘《いらつめ》也、車持夫人」とあり、『大鏡』は天智天皇が妊娠中の女御を鎌足に下げ渡す際に、「生まれた子が男子ならばそなたの子とし、女子ならば朕の娘とする」と申し渡されたという伝承を伝えている。

不比等は、死去する直前に天智天皇から藤原氏の姓を賜った中臣（藤原）鎌足の子＝藤原不比等である。もし不比等が中大兄皇子（天智天皇）のご皇胤《こういん》という説をとると、不比等は天智天皇の皇子となる。不比等は臣籍降下し「藤原」を名乗った皇族であり、藤原氏は皇別氏族ということになる。この説をとれば、後の藤原一族の行動も納得できる。

系図は天智天皇→史（不比等）→武智麻呂・房前・宇合・麻呂となる。

また、ともに「乙巳の変」を断行し、蘇我氏を潰して大化の改新を成し遂げた、中大兄皇子（天智天皇）と中臣鎌足の関係を考慮すると、『大鏡』の記すところは信憑性があるとも思われる。

そうであれば、文武天皇が、「不比等の子孫以外は藤原姓を名乗ってはいけない、中臣姓に戻すように」と詔しておられるので、後の藤原氏は全て不比等の末裔ということになる（後述）。従って、藤原氏は皇族であり、全て天壌無窮の神勅にいう「吾が子孫」ということになる。

皇紀一三五八年＝文武天皇二年（六九八年）八月十九日、不比等の子孫のみが藤原姓を名乗り、不比等の従兄弟たちは、藤原を名乗ることは禁じられ、鎌足の元の姓である中臣朝臣姓とされている（「不比等・意美麻呂《おみまろ》等に関して下し給える詔」〈第二三八詔〉）。

不比等を他の中臣家と区別するという意図があるとすれば、この措置は【不比等は天智天皇の皇胤という説】を補強するもので、納得のいく話ではある。この場合は不比等が皇別氏族「藤原氏」の実質的な祖となる。

その後、この伝承はかなりの信憑性を持っていたと考えられたようで、『竹取物語』でかぐや姫に求婚する五人の貴公子の一人車持《くらもち》皇子のモデルは不比等とされている。

歴史学者の間ではこの皇胤説は支持されていないが、後の異例とも言える不比等の出世、天武天皇・持統天皇の御世に行われた皇親政治、その後の摂関政治、更にその後も天皇の皇后や妃を藤原氏がほぼ独占する歴史とは完全に符合する。

なお、車持君は天皇の乗輿《じょうよ》を製作して貢納し管理した氏族で、「新撰姓氏録」の左京皇別の項に、豊城入彦《とよきいりひこ》命（崇神天皇の皇子）八世孫の射狭《さき》君が、雄略天皇の御世に乗輿《じょうよ》を供進したので車持公《くるまもちのきみ》の姓《かばね》を賜ったとある。

阿部内親王には、聖武天皇夫人《ぶにん》の県犬養広刀自《あがたいぬかいひろとじ》を母として、養老元年（七一七年）に誕生された一歳年長の異母姉・井上内親王がおられた。この井上内親王は養老五年に伊勢斎王（五歳）に任じられる。そして六年後の神亀四年（七二七年）、十一歳になられて伊勢にお入りになった。

その前、皇紀一三八四年＝神亀元年（七二四年）二月、父・首皇子（聖武天皇）が元正天皇の譲位を受けて二十四歳で即位された。

【先帝・聖武天皇の御世】

皇紀一三八七年＝神亀四年（七二七年）閏九月二十九日、先帝・聖武天皇と光明皇后の間に阿部内親王の同母弟として皇子・基王《もといおう》が誕生される。

㊷文武天皇→㊺聖武天皇
藤原不比等→光明皇后
→阿部内親王（第二皇女、㊻孝謙天皇＝㊽称徳天皇）
→基王（三歳で夭折）

基王は不比等の外孫であるところから、皇位継承者として期待された。しかし、翌皇紀一三八八年＝神亀五年（七二八年）九月十三日、この基王は三歳で夭折され、同母の皇子女としては阿倍内親王のみとなった。

一方、基王が薨去されたこの年、神亀五年（七二八年）、聖武天皇と妃の県犬養広刀自《あがたいぬかいひろとじ》との間に、基王の生まれ変わりのようにして、安積《あさか》親王（井上内親王の同母弟で阿部内親王の異母弟）が誕生される。これまでの慣習では、しかるべき時期に安積親王が立太子されるのであるが、母が県犬養広刀自で、藤原氏の後ろ盾がないので、即位は期待できなかった。

㊷文武天皇→㊺聖武天皇
（県犬養氏）県犬養広刀自
→井上内親王（第一皇女）
→安積親王
→不破内親王（㊵天武天皇の孫王・塩焼王の妃）

【長屋王の変】

基王が幼くして薨去され、安積親王が誕生された翌年の皇紀一三八九年＝神亀六年（七二九年）二月十二日、先帝・聖武天皇の御世、長屋王と藤原不比等の息子たちの藤原四兄弟（武智麻呂、房前、宇合、麻呂）との確執が昂じて、長屋王の変が勃発する。

漆《ぬり》部《べ》君足《きみたり》と中臣宮処東人《あずまびと》から「長屋王は密かに左道（呪詛）を学びて国家を傾けんと欲す」との密告があり、それをうけて直ちに藤原宇合（三十五歳）らの率いる六衛府の軍勢が長屋王の邸宅を包囲する。

その上で長屋王に対する舎人親王（天武天皇の皇子・五十四歳）らの尋問が行われ、長屋王は、妃（草壁皇子と元明天皇の間の女王・吉備内親王）と王子の膳夫《かしわで》王らを絞め殺し、自身は服毒自殺した。讒言であったとする説が根強いが、そうであれば藤原四兄弟（中臣鎌足の孫）が皇族の長屋王を政敵として抹殺した大逆事件ということになる。

長屋王の父は天武天皇の皇子・高市皇子、母は天智天皇の皇女・御名部皇女（元明天皇の同母姉）であり、父方も母方も祖父が天皇であって、この時の官位は正二位・左大臣であった。皇親勢力の巨頭として朝政の重鎮的立場であって、皇族として最も後嗣に近い存在でもあった。

天智天皇（中大兄皇子）とともに、大化の改新を成し遂げた中臣（藤原）鎌足の孫たちである藤原四兄弟の勢力が、如何に強大になっていたかを示す大事件であった。

なお、昭和六十一年、奈良市二条大路南一丁目、平城京の東南の隅に隣接する一角、全体の面積四町歩（四ヘクタール）の内、三町歩（三ヘクタール）を超える面積を発掘調査することになった。そして次々発掘される木簡と広大な屋敷の遺構から、ここが長屋王の屋敷跡であることが確認された。この判断の元になったものの一つが昭和六十三年に見つかった三つの木簡である。

①表「長屋皇宮俵一石春人夫」

②裏「羽咋真嶋」

③別に、養老元年（皇紀一三七七年）の年紀を示すもの。

①は米俵に付いていた木簡である。長屋王の宮（家）の米一石を搗《っ》（舂）いたという人夫の名札で、裏には搗いた人の名前が羽咋真嶋と書かれている。その後、「長屋親王」「吉備内親王」の文字が入った木簡も見つかり、長屋王の屋敷跡であることが確認された。およそ千三百年前の、実に痛々しい物証の数々である。

基王が薨去されて、光明皇后との間に誕生された皇子女は、阿部内親王（孝謙天皇）のみとなり、妃の県犬養広刀自との間に誕生された安積親王もまだ三歳と幼く、長屋王が皇位を継承されると予想された。そこでこれを阻止するために藤原四兄弟が起こしたのが、この大逆事件「長屋王の変」であった。

藤原氏としては、長屋王（母は天智天皇の皇女の御名部皇女）→安積親王（母は県犬養広刀自）と皇位が継承されることを、絶対に阻止しなければならなかったのである。

なお、藤原四兄弟は変から八年後の皇紀一三九七年＝天平九年（七三七年）、この孝謙天皇の御世、天然痘で全員次々と死去する。長屋王の祟《たた》りでその怨霊によると噂されたのも頷ける（後述）。

この年、皇紀一三八九年＝神亀六年（七二九年）八月五日、元号が天平に改元される。

長屋王の死から六ヶ月後、皇紀一三八九年＝天平元年（七二九年）、阿倍内親王の母・光明子が夫人から皇后に格上げされた（第四一五詔「立皇の宣命」）。これが藤原氏の子女が皇后になっていく先例となる。そして藤原四兄弟政権が樹立される。

「長屋王の変」の目的は、光明子夫人の皇后擁立にもあったのである。これによって、聖武天皇が崩御されるようなことがあっても、天武天皇から持統天皇へ皇位が継がれたのを先例として、聖武天皇から光明皇后に皇位が継がれることが可能となる。

聖武天皇には、基王亡き後、唯一の親王として安積親王が誕生しておられるが、なにぶんにもまだ二歳と幼かった。しかも安積親王の母は県犬養広刀自で藤原氏ではなかった。

県犬養氏は屯倉《みやけ》を守護する伴 造《とものみやつこ》氏族の一つで、壬申の乱では県犬養大伴（大侶）が大海人皇子（天武天皇）に味方し、天武天皇十三年（六八四年）に宿禰姓を賜った中堅氏族である。

「長屋王の変」から八年経った皇紀一三九七年＝天平九年（七三七年）、春から夏にかけて九州から広がった天然痘が猛威を振るい、平城京にも伝播し、一般の庶民のみならず多くの公卿や朝廷の要人が死去した。これで藤原四兄弟も長男・武智麻呂が七月二十五日、次男・房前が五月二十一日、三男・宇合が八月五日、四男・麻呂が七月十三日と、次々に死去する。その結果、政権の座に就いたのは葛城王で、臣籍降下されたばかりの橘諸兄《たちばなのもろえ》である。

橘諸兄は敏達天皇の後裔である大宰帥・美努《みぬ》王の子・葛城王で、「長屋王の変」の前年皇紀一三九六年＝天平八年（七三六年）十一月十七日に臣籍降下され、初代橘氏長者《うじちょうじゃ》の橘宿禰となられた。敏達天皇の五世孫で、父は美努王、母は県犬養三千代で皇族である。

㉚敏達天皇→難波皇子→栗隈《くるくま》王→美努王→橘諸兄（葛城王）
（母・県犬養三千代）

同じ敏達天皇の皇子・難波皇子は皇紀一二四七年＝用明天皇二年（五八七年）七月の「丁未の乱」（物部守屋の変）で朝廷軍に味方するが、戦死されたと考えられる。豪族の物部氏が「丁未の乱」で没落し、蘇我氏の権勢が強まった。

一方、難波皇子の王子で筑紫率《つくしのそち》（筑紫大宰）を務めていた栗隈王（橘氏の祖）は、「壬申の乱」で朝廷方に兵を出すよう命令を受けるが、大陸や半島への備えを理由に出兵を断った。

大友皇子側の近江朝廷の命令を受けて、軍兵を徴発するために、佐伯男が筑紫に下向してきたが、筑紫大宰・栗隈王は外敵への備えを理由にこれを拒否している。

栗隈王は敏達天皇の孫王であるが、大友皇子よりも大海人皇子の方に心を寄せておられたのかも知れない。

【阿倍内親王の立太子】

橘諸兄は唐から帰国した吉備真備や僧玄昉を取り立てる。

明けて皇紀一三九八年＝天平十年（七三八年）一月、体力に不安を感じられた聖武天皇は、阿倍内親王（孝謙天皇）を皇太子に立てることを宣言される。阿倍内親王が二十一歳で立太子され、史上初の女性皇太子となられた。

この時、聖武天皇（三十八歳）には第二皇子として安積《あさか》親王（十一歳）がおられ、この安積親王の立太子も当然考えられたはずである。しかし、ここで阿倍内親王が史上初めて女性として立太子された。阿倍内親王は将来の皇位を約束された代償として、結婚もできず、子を儲けることもできなくなった。

立太子された阿倍内親王以後、このように、藤原氏一族が、万世一系（男系継承）だけは遵守しながら、皇位継承に大きく関わってくるようになる。そして、後にこれを真似て、平氏や徳川氏といった時の世俗権力者が、娘の入内《じゅだい》を通じて皇位継承に関わるようになる。

皇紀一四〇〇年＝天平十二年（七四〇）九月、橘諸兄（右大臣）政権によって前年に大宰府に左遷された藤原広嗣（藤原式家の祖・藤原宇合の長男）が、吉備真備と玄昉を除くように聖武天皇に上表し、それが受け入れられず、九州で挙兵する。

この時、聖武天皇は光明皇后以下群臣とともに平城京を離れ、伊賀・伊勢・美濃・近江を行幸され、阿倍内親王はこの行幸に付き従われた。こうして聖武天皇の五年におよぶ彷徨《ほうこう》が始まる。その間、恭仁《くに》京、紫香楽《しがらき》宮、難波宮と都を転々と遷され、平城京に戻られたのは皇紀一四〇五年＝天平十七年（七四五年）九月二十六日であった。

皇紀一四〇四年＝天平十六年（七四四年）閏一月十三日、聖武天皇の第二皇子・安積親王が恭仁京で急に薨去される（十七歳）。

この親王の薨去については藤原仲麻呂（武智麻呂の次男・不比等の孫）による毒殺説がある。安積親王（母は県犬養広刀自）が光明皇后、孝謙天皇、藤原仲麻呂にとって都合の悪いご存在だったのは確かである。

安積親王は前年天平十五年、恭仁京の藤原真楯《まだて》（房前の三男）の邸で開かれた宴に、当時内舎人《うどねり》だった大伴家持らと同席しておられた。女性皇太子の阿倍内親王に反対する一派から心を寄せられていたといわれ、危険因子は若い芽のうちに摘み取れということなのか、藤原仲麻呂に毒殺されたというのである。この時十七歳であった。この時仲麻呂は従四位上で参議、民部卿、左京大夫であった。藤原仲麻呂は不比等の孫、武智麻呂（南家の祖）の子である。

伊勢斎宮の井上内親王は同母弟・安積親王の薨去によって、斎王の任を解かれ、天平十六年（七四四年）、十七年ぶりに平城京に戻られた。

内親王が伊勢斎王として卜定《ぼくじょう》されたのは五歳のとき、それから六年、精進潔斎され、十一歳で伊勢へ下られた。以来十七年間、若い内親王は、少女時代や乙女時代を神に仕える巫女として過ごされた。

伊勢から帰京された井上内親王は、天平十九年（七四七年）正月の人事で二品に叙位される。

この年三月、聖武天皇（四十七歳）が病に倒れられた。聖武天皇は東大寺の大仏造像を発願されたが、その東大寺では、まだ大仏の鋳造は始まっていなかった。そこで、聖武天皇は盧舎那《るしやな》仏の造営を督促された。

皇紀一四〇八年＝天平二十年（七四八年）、光明皇后（叔母）の後ろ盾があって藤原仲麻呂は正三位に出世し、翌天平勝宝元年（七四九年）八月には大納言兼紫微令《しびれい》（この年設置された令外官で皇太后の家政機関・紫微中台の長官）となり、左大臣の橘諸兄（従一位）と対抗するようになる。

皇紀一四〇九年＝天平二十一年（七四九年）四月十四日、陸奥国より黄金が献上され、元号が天平から天平感宝に改元される。

その後も陸奥国守であった百済王敬福《きようふく》は陸奥国小田郡より産出した黄金九百両（約三十六キログラム）を献上する。百済王敬福は日本に亡命した百済王族の末裔である。

【孝謙天皇の即位】

皇紀一四〇九年＝天平勝宝元年（七四九年）七月二日、聖武天皇（四十九歳）は阿倍内親王に譲位され、阿倍内親王が孝謙天皇として三十二歳で即位された。

史上六人目の女性天皇で、天武系の最後の天皇となられる。後に自ら重祚して称徳天皇になられた後の第四十九代光仁天皇は、天智天皇の孫王で天智系の天皇であるから、天武系の天皇としてはこの孝謙天皇が最後の天皇となられた。

㊵天武天皇→㊶持統天皇→㊷文武天皇→㊸元明天皇→㊹元正天皇→㊺聖武天皇→㊻孝謙天皇＝㊽称徳天皇→㊼淳仁天皇→㊽称徳天皇＝孝謙上皇

㊳天智天皇→（㊴弘文天皇）
　　　　└志貴親王→白壁王（㊾光仁天皇）→㊿桓武天皇

藤原仲麻呂は参議から中納言を経ずに直接大納言に昇進し、光明皇后のために設けられた紫微中台の令《りょう》（長官）に任じられる。光明皇后と孝謙天皇（母と娘）の信任を背景に、仲麻呂は行政と軍事の両方を掌握し、左大臣・橘諸兄の権力を圧倒して、事実上の光明皇太后と仲麻呂の体制が確立された。藤原仲麻呂は藤原南家の祖である左大臣・藤原武智麻呂の次男である。

この日、天平勝宝元年（七四九年）七月二日、わずか三ヶ月足らずで、元号が天平感宝から天平勝宝に改元される。同じ年の二度目の改元である。

皇紀一四一〇年＝天平勝宝二年（七五〇年）、藤原清河（藤原房前の四男）らが第十二次遣唐使に任ぜられ、二年後の天平勝宝四年、吉備真備を副使として唐に渡る。

天平勝宝三年十一月、現存する日本最古の漢詩集「懐風藻」が編纂される。先人の大詩人の詩風を懐かしむということでこの名前が付けられた。選者は不明で、百十六詩の殆どが五言詩である。天皇をはじめ、大友皇子、川島皇子、大津皇子などの皇子や諸王・諸臣・僧侶などの詩が撰集されている。

皇紀一四一二年＝天平勝宝四年（七五二年）、新羅王子の金泰廉ら七百余名の新羅使が来日し、朝貢した。後の江戸時代の朝鮮通信使をも上回るほどの大規模使節団である。

この使節団は、奈良の大仏の塗金用に大量の金を貢いでの、王子による朝貢であった。統一新羅はここで日本に再度服属したといえる。唐の軍を引き入れて高句麗、百済を滅ぼして半島の統一を成し遂げたが、今度は唐に服属した脅威と悲哀を感じて、日本との関係修復に動いている。

四月九日、盧舎那《るしやな》大仏像が完成し、孝謙天皇・聖武太上天皇・光明皇太后が、東大寺へ行幸され、開眼供養が盛大に催行された。またこの年、東大寺正倉院が創建され、先帝・聖武天皇の遺品がここに納められた。

六月十四日、天皇は「新羅国王に報じ給ふの勅」（第四八九詔）を発せられる。

「新羅国は遠朝より、世々絶えず国家に供奉す。今また、王子金泰廉を遣わし入朝させ、貢ぎを献上した新羅王の勤誠を朕は嘉《よみ》する」と詔された。


皇紀一四一三年＝天平勝宝五年（七五三年）、斎王を解かれて帰京しておられた井上内親王（三十七歳）が白壁王の妃となられる。白壁王は天智天皇の第七皇子・志貴皇子の第六王子で、母は紀諸人の娘・紀橡姫《きのとちひめ》である。

白壁王は別に渡来系の高野新笠を妃としておられた。そして高野新笠との間に、すでに山部王と早良王という二人の王子を儲けておられた。

白壁王は、当時のたび重なる権力争いに巻き込まれるのを避けるべく、父の志貴皇子を見習い、身を守るために政治的な活躍の場を求めず、酒に溺れたふりをされる日々を過ごしておられたといわれている。

井上内親王は聖武天皇の第一皇女として生まれながら、斎王に選ばれたばかりに結婚もせずにおられ、聖武太上天皇も父として不憫さを感じられたものと思われる。

光明皇太后も我が子（娘）が既に孝謙天皇として即位している以上、異母姉・井上内親王に万が一皇子が誕生しても、皇位を脅かされる心配はないと判断されたのであろう。

どのような経緯《いきさつ》があったのか分からないが、井上内親王は白壁王の妃となられた。そして後のことになるが、白壁王が皇紀一四三〇年＝宝亀元年（七七〇年）十月に光仁天皇として即位されると、それにともない、同年十一月六日に皇后となられ、翌二年（七七一年）一月には皇子の他戸親王（十歳）が立太子された。

皇紀一四一三年＝天平勝宝五年（七五三年）十二月二十日、唐から鑑真が来日する。途中、嵐で漂流の末に運良く薩摩の坊津に漂着した。

清河ら遣唐使一行は、在唐三十五年におよび、その間に唐の高官にもなっていた阿倍仲麻呂を伴い帰国の途につくが、途中暴風雨に遭い、阿倍仲麻呂の一行は越南北部に漂着して帰国できなかった。別の船に乗船していた鑑真らはなんとか無事日本に着くことができた。こうして遣唐使大伴古麻呂らが天平勝宝六年一月、唐僧の鑑真や法進ら八人を伴い帰朝する。

平城京に着いた鑑真は、聖武上皇、百官の歓待を受け、孝謙天皇の勅命により、戒壇の設立（僧の資格を授与できる）と授戒について全面的に一任され、東大寺に住まうこととなった。

鑑真は早速東大寺に戒壇（出家を志す者に戒を授けるために設けられた土の壇）を築き、四月に聖武上皇をはじめ四三〇人に授戒を行った。これが日本で最初の戒壇であり、授戒である。

出家すると税が免除されるため、税を逃れるために出家して、得度を受けない不届き者（私度僧）が多く、名目だけの出家をし、修行もせず堕落した僧が多かった。そこで唐より鑑真が招かれ、戒律が伝えられ、この戒律を守れる者だけが僧として認められることとなり、仏教界の規律が整えられた。

推古天皇の御世に、僧も朝廷が管理するようになっている。朝廷はここで鑑真にその管理を任されたのであった。

十月十四日、「双六を禁じ給うの勅」（第四九七詔）を発せられ、支那大陸から伝わってきた双六（賭け事）を厳禁とする。持統天皇三年（六八九年）十二月に既に禁止されているにもかかわらず、必ずしも守られていなかったようで、再度禁止の詔を出された。今回は、杖打ち百とか封戸職田支給を止めるとか、罰則の強化が図られている。

賭け事禁止は持統天皇が詔され、続いて孝謙天皇が再度罰則を強化しての禁止の詔を出された。偶然かどうかはともかく、両者ともに女性天皇である。このお陰もあってか、日本では現在に至るも賭博に対しては国民的アレルギーがある。パチンコ屋は大半が半島系の人たちが経営している。にもかかわらず、最近の日本政府が賭博を「カジノ」とか、カタカナ言葉に言い換えて、法律まで作って奨励しようとしているのはどうにも腑に落ちない。

皇紀一四一四年＝天平勝宝六年（七五四年）、白壁王の妃となられた井上内親王（三十八歳）に酒人内親王が誕生する。更に七年後の天平宝字五年（七六一年）にも四十五歳で他戸《おさべ》親王が誕生する。当時としてもまれな高齢出産であった。ここで井上内親王は二人の皇子女に恵まれた。

翌皇紀一四一五年＝天平勝宝七年（七五五年）、聖武上皇のご不例の中、従一位左大臣の橘諸兄が、酒の席で不敬の言があったと讒言され、聖武上皇は不問に付されるが、橘諸兄は翌天平勝宝八年（七五六年）二月、自ら辞職を申し出て引退する。正一位左大臣で、公卿としては最高の地位にいた。讒言の真偽については必ずしも明確ではなく、橘氏を追い落とした藤原氏の他氏排除事件とも考えられる。

この年五月二日、聖武上皇が崩御され、遺詔により、新田部《にいたべ》親王の子で天武天皇の孫に当たる道祖《ふなど》王が孝謙天皇の皇太子に立てられた。

そしてこの月、藤原仲麻呂（武智麻呂の次男・不比等の孫）の主導で養老律令が施行される。養老律令そのものは、散逸して現存していないが、律令の令（行政法）については、第五十三代淳和天皇の御世の天長十年、律令の注釈書として編纂された「令義解《りようのぎげ》」に全て収録されている。

皇紀一四一六年＝天平勝宝八年（七五六年）五月二日、聖武上皇（五十六歳）が崩御される。

この年六月、筑前に怡土《いと》城（福岡県糸島市）築城に着工する。大陸の唐で、「安禄山の乱」が勃発し、朝鮮半島の新羅との関係も緊張し、九州の警備強化が急務となったからである。

【橘奈良麻呂の乱】

橘奈良麻呂（左大臣橘諸兄の子で第二代橘氏長者）が藤原仲麻呂を滅ぼして、孝謙天皇の廃立を企てたが、密告により露見して未遂に終わった事件であるが、取り調べの過程で多くの皇族、公卿が犠牲になった（後述）。

まず、皇紀一四一七年＝天平勝宝九年（七五七年）三月、皇太子・道祖《ふなど》王が聖武太上天皇の喪中に不貞な行動があったと問題視され、孝謙天皇の勅命で皇太子を廃される。聖武太上天皇が崩御された翌年のことであった。

孝謙天皇は勅して、道祖王は先帝（聖武）の喪中であるにもかかわらず、侍童と姦淫をなした、先帝への服喪に礼を失した、宮中の機密を巷間に漏らした、天皇がたびたび戒めても態度が改まらなかった、夜中に勝手に東宮を脱け出して私邸に戻ったりした、自ら「自分は愚か者で皇太子の重責には耐えられない」と述べた、などの理由を細々《こまごま》と挙げて廃太子された（「大炊王の立太子に際して下され し勅」〈第五一〇詔〉）。果たして先帝・聖武天皇の遺詔を反故《ほご》にするほどのことであったのかどうか、それぞれ事実かどうか大いに疑問は残る。

道祖《ふなど》王が皇太子を廃されたことで、この年天平勝宝九年四月四日、天武天皇の皇子である舎人親王の王子の大炊《おおい》王（淳仁天皇）が藤原仲麻呂の推挙もあって立太子される（第五一〇詔）。大炊王は仲麻呂の早世した長男・真従《まより》の未亡人である粟田諸姉《もろえ》を妃としておられ、仲麻呂は大炊王の立太子を望んだのであった。

こうして強まる藤原仲麻呂の権勢に危機感を抱いた橘奈良麻呂（前年失脚した左大臣橘諸兄の子）や大伴古麻呂らは、この年五月、孝謙天皇を廃して新帝を擁立することを協議する。

孝謙天皇は女帝であり、皇子女がおられないので後継について協議するのはある意味では当然のことであった。むしろ臣下の者としての義務でもあった。

五月二十日、「紫微《しび》内相を置き藤原仲麻呂をこれに任じ給うの勅」（第五一一詔）を発せられる。仲麻呂は先述の通り、天平勝宝元年（七四九年）七月、既に紫微中台の令（長官）に任じられていた。

しかし、橘奈良麻呂らの新帝擁立の動きが謀反として密告され、七月、仲麻呂らにより、関係者が一斉に逮捕され、橘奈良麻呂、大伴古麻呂ら多数が厳しい尋問の末獄死する（橘奈良麻呂の乱）。乱というよりも一つの大粛正であった。

この事件も仲麻呂本人にその意志があったかどうかはともかく、少なくとも結果的には藤原氏の他氏（橘氏）排斥となった。以後、藤原仲麻呂の権勢がますます強まる。仲麻呂は武智麻呂（藤原南家の始祖）の次男で、武智麻呂は藤原不比等の長男であるから、仲麻呂は不比等の孫にあたる。

大宰府の防人《さきもり》に板東諸国の兵士をあてていたのを止《や》めて、西海道（九州とその周辺の島）の兵士を当てることとする。

また養老四年（七二〇年）に藤原不比等が死去して中断していた、新養老律令の撰修が、孫の藤原仲麻呂の主導で続けられていたが、これがこの年天平勝宝九年（七五七年）五月に完成し施行されることとなった。

皇紀一四一七年＝天平勝宝九年七月四日、新田部親王の王子で、天武天皇の孫王・道祖王、長屋王の王子・黄文《きぶみ》王、宣化天皇の末裔・多治比犢養《こうしかい》、大伴古麻呂がいずれもこの奈良麻呂の乱に連座して獄死する。藤原仲麻呂の厳しい詮議が引き起こした悲劇であった。天平勝宝の大獄事件といった様相であった。

八月十八日、元号が天平勝宝から天平宝字に改元される。

【淳仁天皇の即位】

橘奈良麻呂の乱が鎮圧され、多くの皇族や公卿が過酷な拷問により獄死し、あるいは配流となってから一年が経った皇紀一四一八年＝天平宝字二年（七五八年）八月一日、孝謙天皇は在位十年、四十一歳で皇太子の大炊王《おおい》（淳仁天皇）に譲位される。

前年の皇紀一四一七年＝天平勝宝九年（七五七年）舎人親王の王子の大炊王が立太子しておられた。ここでまた皇極上皇に続いて、女性の太上天皇・孝謙上皇が誕生した。そして淳仁天皇の御世となる。

しかし、淳仁天皇も後に孝謙上皇＝称徳天皇との不和（後述）から、上皇に天皇を廃され、再び孝謙上皇が天皇に即位（重祚）され、称徳天皇の御世となる（後述）。

この頃、孝謙天皇から淳仁天皇の御世にかけての時代、半島の新羅南部沿海の流民あるいは賊化した海賊が、頻繁に対馬や北九州を襲った。組織的な大集団も多く、国家あるいは強大な豪族の関与も疑われた。

この新羅の賊が発生したのは、皇紀一四〇五年（七四五年）頃から皇紀一四一〇年（七五〇年）代後半にかけて、新羅で飢饉や疫病が頻繁に発生し、社会が疲弊していたためである。

飢えのため、自分の股の肉を切り取って父親に食べさせた男の話が、美談として伝わるほどで、この時期、九州北部をはじめ、日本に逃亡してきた新羅の民が多数いた。

なお、半島には大陸同様、人肉を食する習慣があった。半島の新羅は日本に不法を働き、日本を裏切って日本から離れ、大陸・唐の属国になり、国力も衰えていった。現在の日本と半島との関係を彷彿とさせる。

またこの年、半島では統一新羅の第三十五代王の景徳王が、唐を真似て地名の漢字二文字化を実施し、官制の名称も唐式に改めて、唐への従属政策を自ら推し進める。そして、日本と半島との関係は益々疎遠になっていく。

皇紀一四二〇年＝天平宝字四年（七六〇年）一月四日、藤原仲麻呂（五十五歳）は皇族以外で初めて太政大臣に任ぜられる。しかし、この年の六月七日、光明皇太后が崩御され、皇太后の信任厚かった仲麻呂は後ろ盾を失い、大きな打撃を受ける。

第四十八代　称徳《しょうとく》天皇

〔世系三十四　即位四十七歳　在位六年　宝算五十三歳〕

称徳天皇と先々帝・孝謙天皇は同一人物の阿倍内親王（聖武天皇の皇女）である。先帝・淳仁《じゅんにん》天皇を淡路に追放して重祚され再び即位された。皇極天皇＝斉明天皇に続いて二度目の重祚となった。

先帝・第四十七代淳仁天皇の御世、皇紀一四二一年＝天平宝字五年（七六一年）十月十三日、淳仁天皇と孝謙上皇が保良宮《ほらのみや》（近江国）に行幸された。

十月二十八日、淳仁天皇は平城宮の改築のため、しばらく保良宮に移ると詔され、さらに「朕思う所有り、北京《ほっきょう》（保良宮）を造らんと議《はか》る」（淳仁天皇詔五七〇詔）と詔され、都に近い二郡（滋賀郡と栗太郡）を割いて、平城京に準じた調を納めさせるようにされた。保良宮の経営のため二郡をあてられたのである。

孝謙上皇が保良宮に滞在中、たまたま病に倒れられ、僧の弓削道鏡《ゆげどうきょう》が看病に当たった。その看病の甲斐あって病は平癒し、上皇はお喜びになり、僧・道鏡をすっかり信頼され、寵愛されるようになる。そして、その寵愛の度が過ぎたためか、これが後の道鏡事件に発展することになる。

皇紀一四二二年＝天平宝字六年（七六二年）三月二十五日、保良宮《ほらのみや》（大津市の石山国分遺跡）が完成する。

この年五月二十三日、淳仁天皇が孝謙上皇と道鏡との関係を非難されたことで、孝謙上皇と淳仁天皇とが不仲となり、お二人とも保良宮から平城宮にお戻りになる。淳仁天皇は中宮院（仲麻呂が用意した内裏《だいり》）に、孝謙上皇は出家され法華寺《ほっけじ》（奈良市）にお入りになった。

なお、法華寺は藤原不比等の娘で、孝謙＝称徳天皇の母である光明皇后ゆかりの総国分尼寺（全国の国分尼寺を総轄した寺）で、門跡尼寺として知られる。門跡寺院は、皇族の皇子女が住職となられる格式の高い寺院で、東大寺が全国の総国分寺であったのに対し、法華寺は総国分尼寺であった。

孝謙上皇は、この年六月三日、再び天皇大権を掌握することを目的に、「今の帝は常の祀りと小事を行え、国家の大事と賞罰は朕が行う」と宣告された。上皇が天皇の権限を取り上げてしまうというのは、史上初めての出来事で、淳仁天皇が即位されて五年目の出来事であった。従って、淳仁天皇在位七年のうち三年は、孝謙上皇から天皇を廃されていたのである。

そもそも、淳仁天皇は橘奈良麻呂の乱で多くの皇子や王子らが殺害された後に、孝謙上皇と藤原仲麻呂の推挙で即位された天皇であった。

皇紀一四二四年＝天平宝字八年（七六四年）正月二十一日、孝謙上皇との関係が良かった吉備真備が造東大寺長官に任じられる。

孝謙上皇が淳仁天皇の権限を取り上げられたことで、今度は藤原仲麻呂の立場が悪くなり、後ろ盾がなくなって危機感を持ち始める。仲麻呂は前述の通り、左大臣・藤原武智麻呂（藤原南家の祖）の次男であり、不比等の孫である。

そこで仲麻呂は九月五日、舎人親王の王子で大炊王・淳仁天皇の兄である船親王と、孝謙上皇の廃位について話し合う。また、舎人親王の第四王子の池田親王は、すでに夏頃より変に備えて兵馬を集結させていた。両親王ともに、舎人親王の王子で淳仁天皇の異母兄弟である。

【藤原仲麻呂の乱】

孝謙上皇と淳仁天皇との間に不穏な空気が流れる中、皇紀一四二四年＝天平宝字八年（七六四年）九月十一日、藤原仲麻呂の乱が勃発する。

仲麻呂が戦闘準備を始めたことを察知された孝謙上皇は、山村王（用明天皇の末裔）を派遣し、淳仁天皇のもとから皇権の発動に必要な「玉璽《ぎょくじ》」（天皇の実印）と「駅鈴《えきれい》」を回収させた。仲麻呂らの動きを封じたのである。駅鈴は公務出張者や公文書伝送の駅使らが、駅馬を利用するときの資格証明として貸与される「鈴」である。


そこで、これを奪還しようとした仲麻呂側との間で武力衝突が発生したが、結局鈴印（駅鈴）は孝謙上皇の元に渡り、仲麻呂は動きが取れず朝敵となってしまう。仲麻呂は太政官印を奪取して近江国に逃走したが、九月十三日に捕らえられて殺害される。

七年前の「奈良麻呂の乱」で、皇族をはじめ多くの公卿を獄死させたり、流罪に処したりした仲麻呂がここで殺害されたのである。因果は巡るということであろうか。

淳仁天皇の居住しておられた中宮院は孝謙上皇の軍によって包囲され、そこで上皇より「乱を起こした仲麻呂と関係が深かったこと」を理由に、ついに天皇廃位を宣告された。

孝謙上皇が淳仁天皇の権限を取り上げた結果、仲麻呂の乱が起き、これを鎮圧したことで、淳仁天皇の廃位となった。上皇が天皇を廃位したという初めての例となる。この時、淳仁天皇は三十一歳で、六年の在位であった。

ここから、孝謙上皇＝称徳天皇と道鏡による政権運営が六年間続くことになるが、皇太子はそれにふさわしい人物が現れるまで決めないとされる。そして、孝謙上皇は淳仁天皇を大炊親王とし、淡路公に封じて流刑とされた。

仲麻呂敗死の知らせが届いた九月十四日には、左遷されていた藤原豊成（武智麻呂の長男・仲麻呂の同母兄）を右大臣とし、閏十月には道鏡を太政大臣禅師（太政大臣に相当）とした。この役職は、僧である道鏡のために設けられた役職で、道鏡以外には後にも先にもこの役職に就いた者はいない。

【上皇の重祚】

皇紀一四二四年＝天平宝字八年（七六四年）十月九日、孝謙上皇は淡路に流した淳仁天皇の廃位を宣し、上皇ご自身が再度皇位に就かれ（重祚）、称徳天皇として即位された。

孝謙上皇は山村王を通じて淳仁天皇に、

「天下は朕（聖武天皇）の子の汝（孝謙上皇）に授ける。王を奴《やつこ》としようとも奴を王としようとも、汝のしたいようにし、たとえ汝のあとに、帝として位についている人（淳仁天皇のこと）でも、位についた後、汝《なんじ》に対して礼がなく、従わないで無作法であるような人を、帝の位においてはいけない。

また君臣の道理に従って、正しく清い心を持って、汝を助けお仕え申し上げる人（暗に道鏡を指す）こそ、帝としてあることが出来るのである」と仰せられた（続日本紀淳仁天皇条・天平宝字八年十月九日条）。

このようなお言葉を、朕はまた一、二の堅子《わらわ》（近習の少年）らと天皇（聖武天皇）の御前に侍って承ったことがある。

それなのに今、帝となっている人（淳仁天皇）をこの数年見ていると、天皇の位にいる能力はない。それだけではなく、今聞いたところによると、仲麻呂と心を合わせて、密かに朕を除こうと謀ったのである。また密かに六千の兵を徴発して、関に入ろうと謀ったのである。更に精兵で高野天皇（孝謙天皇）方を押し破り、混乱させて朕を討ち滅ぼそうと言ったという。それ故に、淳仁帝を帝の位から引かせ、親王の位を与えて、淡路国の公《きみ》として退かせる」と仰せられた。

こうして右兵衛督《うひょうえのかみ》の藤原朝臣蔵下麻呂《くらじまろ》が淡路公らを淡路の配所に護送し、一つの院に幽閉した。淳仁天皇が親王の待遇をもって淡路国に流されたが、廃位と同時に、上皇は重祚して称徳天皇として即位された。一方、先帝・淳仁天皇は、廃位であるため、太上天皇号を奉られることはなく、「淡路廃帝」とされた。

皇紀一四二五年＝天平宝字九年（七六五年）一月七日、元号が天平宝字から天平神護《てんぴょうじんご》に改元される。藤原仲麻呂の乱を神霊のご加護によって平定したことによる改元であった。

ところが、淡路の先帝・淳仁天皇のもとに通う官人が後を絶たず、また都でも当然のことながら、天皇の復帰を図る勢力もあって、これに危機感を抱かれた称徳天皇＝孝謙天皇は、現地の国守である佐伯助《たすく》らに改めて警備の強化を命ずる。そして十月九日、淳仁天皇は逃亡を図られるが捕らえられ、十月二十三日、院中で崩御される。暗殺説も根強い。宝算三十三歳であった。

皇紀一四二五年＝天平神護元年（七六五年）、皇太子が決まってなかったこともあって、和気王（舎人親王の孫）が謀叛を計画し、これが露見して和気王は誅殺される。称徳天皇に跡継ぎがおられず、皇太子も決まっていなかったことから、和気王は皇位を望まれたと思われる。

こうして藤原仲麻呂の乱後も悲劇は続き、政情は不安定であった。称徳天皇＝孝謙上皇に対する反発も強かったのである。

この年十月、称徳天皇（孝謙上皇）は道鏡の故郷である河内弓削寺に行幸される。

この行幸中に称徳天皇は道鏡を太政大臣禅師（太政大臣）に任じ、本来臣下には行われることのない群臣拝賀を道鏡に対して行わせた。またこの際、行宮《かりみや》を拡張し、離宮の由義宮《ゆげのみや》築造を開始される。なお、弓削氏は、弓などの武器の製造に携わった弓削部を差配していた伴造《とものみやつこ》である。

称徳天皇＝孝謙上皇の即位に伴う大嘗会（即位後最初の新嘗祭）が十一月に行われ、そこに本来は参加しない僧侶が多数出席する。翌十二月、弓削道鏡が太政大臣禅師（太政大臣）となる。

この年には墾田永年私財法によって開墾が過熱していたため、「加墾禁止令」を発令して、寺社を除いて一切の墾田私有を禁じた。そして万年通宝に替わる通貨として、皇朝十二銭のひとつ神功開宝が鋳造され、万年通宝と等価で併用された。

翌皇紀一四二六年＝天平神護二年（七六六年）十月、海龍王寺（法華寺の東北に隣接）で仏舎利が出現したとして、道鏡を法王とする。道鏡の下には法臣（臣）・法参議（参議）という僧侶の大臣が設置され、道鏡の弟・弓削浄人《ゆげきよひと》が中納言になるなど、道鏡政権の体制が整っていく。

一方で太政官の首席は左大臣藤原永手（藤原房前の次男）であったが、吉備真備を右大臣に抜擢する。こうして称徳天皇＝孝謙上皇と法王道鏡の二頭体制が確立する。

また天皇は次々と大寺に行幸され、西大寺の拡張や尼寺の西隆寺（平城京内）の造営、百万塔の製作など仏教重視の政策を推進される。伊勢神宮や宇佐八幡宮内に神宮寺を建立するなど神仏習合も進め、神社の位階である神階制度も創設される。

しかし一方では、橘奈良麻呂の乱、藤原仲麻呂の乱など、孝謙天皇、淳仁天皇、称徳天皇の御世で、政争の乱が相次ぎ、また、刑罰が厳しくなり、些細なことで極刑が行われ、冤罪を生んだ〈『続日本紀』〉。

皇紀一四二七年＝天平神護三年（七六七年）八月十六日、元号が天平神護から神護景雲《じんごけいうん》に改元される。

皇紀一四二八年＝神護景雲二年、筑前の怡土《いと》城〈福岡市と糸島市の境〉が完成する。

これは遣唐使に加わって二度留学し、その後大宰府政庁の高官ともなった吉備真備が、孝謙天皇の命により皇紀一四一五年＝天平勝宝八年（七五六年）六月に着工し、十二年掛けて完成したものである。

当時、唐では「安禄山の乱」が勃発し、朝鮮半島では新羅が日本の国使との会見を拒否するなど、対外的な緊張が高まり、九州の防備体制構築が急務となっていた。

二月には陸奥国の伊治城《いじ》（宮城県栗原市）、桃生城《もものう》（宮城県石巻平野北部）に坂東（関東）の民を移住させる。

皇紀一四二九年＝神護景雲三年（七六九年）五月、称徳天皇＝孝謙上皇の異母妹・不破内親王（聖武天皇の皇女）と王子の氷上志計志麻呂王《ひかみのしけしまろ》（天武天皇の男系曾孫）が天皇を呪詛したとして、名を改めた上で流刑となる。

『続日本紀』によれば、不破内親王は密かに称徳天皇の髪の毛を盗み、佐保川で拾ってきたドクロの目の穴にその髪の毛を突き刺し、宮中にもってきて三度まで称徳天皇を呪詛したという。氷上志計志麻呂王の父・塩焼王（不破内親王の夫君）は新田部親王の王子で、天武天皇の孫王である。

㊵天武天皇
→新田部親王→塩焼王→氷上志計志麻呂王（母は塩焼王妃・不破内親王）
（母は藤原鎌足の娘・五百重娘）
→草壁皇子→㊷文武天皇→㊺聖武天皇
→不破内親王（塩焼王妃）
→阿倍内親王（㊻孝謙天皇＝㊽称徳天皇）

この塩焼王は、藤原仲麻呂の乱で藤原仲麻呂によって天皇に擁立されようとして殺害されている。

しかしこの時は、塩焼王妃の不破内親王（四十七歳）が称徳天皇＝孝謙天皇と異母姉妹であったことから、内親王の身分を剝奪されたものの、不破内親王・志計志麻呂王の母子は連座を免れている。

このような状況を見て、不破内親王の同母姉・井上内親王を妻としていた中納言・白壁王（のちの光仁天皇）は称徳天皇＝孝謙上皇の嫉視《しっし》を警戒し、酒に溺れた振りをして難を逃れようとされた。この白壁王は天智天皇の孫王である。

㊳天智天皇→志貴皇子→白壁王（後の㊾光仁天皇）→山部王（後の㊿桓武天皇）

かなり厳しい恐怖政治が行われていたことが分かる。氷上志計志麻呂王は天武天皇の男系曾孫で皇統の人であり、皇位を継承する資格もあった。現実にこの後、称徳天皇＝孝謙上皇の後継がおられなくなるのである。この時、まさに皇統の危機が迫っていた。これを神が救った事件が次の宇佐八幡宮神託事件であった。

【宇佐八幡宮神託事件】

この年（神護景雲三年）七月、道鏡の弟の弓削浄人《ゆげのきよひと》が大宰帥《だざいのそち》に就き、「道鏡を皇位に就けることが神意に適う」旨の宇佐八幡宮の神託を称徳天皇に奏上し、いわゆる「宇佐八幡宮神託事件」を引き起こした。

宇佐の神官を兼ねていた大宰府の主神《かんつかさ》の中臣習宜阿曾麻呂《すげのあそまろ》が、道鏡に媚びて宇佐八幡神の神託として、道鏡を皇位に就かせれば天下太平になると、称徳天皇へ奏上した。

そこで、これを確かめさせるべく、和気清麻呂《わけのきよまろ》が勅使として宇佐八幡宮に派遣される。九月、清麻呂は「わが国は開闢《かいびやく》より君臣の秩序は定まれり。臣をもて君とする、いまだこれあらず。天つ日嗣は、必ず皇緒を立てよ。無道の人はよろしく早く掃除すべし」「天の日継（皇位）は必ず皇統の人を立てよ。無道の人は宜しく早く掃いて除くべし」との神託を朝廷に持ち帰り、先の託宣は虚偽であると復命した。

これに怒った称徳天皇＝孝謙上皇と道鏡は清麻呂を「別部穢麻呂《わけべのきたなまろ》」と改名した上で因幡員外介《いなばいんがいのすけ》に左遷し、さらに大隅国へ流した。

霧島市（大隅国）天降川《あもりがわ》上流、牧園町宿窪田《しゆくくぼた》に清麻呂を祭神とする和気神社が創建されている。皇紀二五一三年＝嘉永六年（一八五三年）、薩摩藩第十一代藩主・島津斉彬《なりあきら》が日向国と大隅国を視察し、和気公の足跡調査を行わせた結果、この地が和気公の配流地であったことが確認された。そこで斉彬はこの地に松を手植えし、和気神社を創建した。

和気氏は第十一代垂仁《すいにん》天皇の末裔で、備前国和気郡（古くは藤野郡）を本拠とした豪族で、皇別氏族である。垂仁天皇の皇子で渟葉田瓊入媛《ぬばたにいりひめ》（日葉酢媛の妹）を母とする鐸石別《ぬてしわけ》命を祖とする。

そして十月一日には、称徳天皇は遂に詔を発せられ、「道鏡には皇位は継がせない」と宣言され、一連の事件（宇佐八幡宮神託事件・道鏡事件）は決着を見た。やはり群臣百官の非難がそれだけ大きかったからであろう。皇位継承に関し、公卿役人の声、つまりは神の声が影響している一例と言える。

翌皇紀一四三〇年＝神護景雲四年（七七〇年）二月、天皇は再び由義宮に行幸された。そして間もなくの三月半ば、称徳天皇は病に罹られた。このとき、看病のために近づけたのは、宮人（女官）で吉備真備の娘（姉妹という説もある）の吉備由利だけで、道鏡は崩御まで会わされなかった。道鏡の権力はたちまち衰え、軍事指揮権は藤原北家の祖である房前の次男・藤原永手や吉備真備ら太政官に移行する。

称徳天皇＝孝謙上皇の崩御に当たっては、由利を通じて天皇の意思を確認し、永手らと協力し白壁王（後の光仁天皇、六十二歳）の立太子が実現した。白壁王は天智天皇の第七皇子・志貴親王の王子で、母は紀諸人《もろひと》の娘・紀橡姫《とちひめ》である。

同年皇紀一四三〇年＝神護景雲四年（七七〇年）八月四日、称徳天皇＝孝謙上皇は平城宮の西宮寝殿で崩御される。称徳天皇としての在位は七年、宝算五十三歳であった。

孝謙天皇の在位十年を併せると、阿倍内親王（孝謙天皇＝称徳天皇）の在位は十七年であった。

称徳天皇＝孝謙上皇が崩御され、群臣は後嗣について評議する。右大臣・吉備真備は文室大市《ぶんやおおち》王（天武天皇の孫・長皇子の七男）もしくは文室浄三《きよみ》王（天武天皇の孫、長親王の三男）を推したが、藤原永手（正一位・左大臣）や藤原宿奈麻呂《すくなまろ》、藤原百川《ももがわ》は白壁王（天智天皇の孫王、志貴親王の王子）を推した。

真備が自案に固執すると、永手らは白壁王を指名する称徳天皇の遺詔を読み上げた。ここで白壁王が即位して光仁天皇となられるが、この遺詔は偽造されたものであったともいわれている。藤原永手や藤原宿奈麻呂（良継）、藤原百川らはここで天智天皇系の白壁王を後嗣として推したのである。ここでは藤原永手ら公卿や百官が治天の君の役目を果たしている。

吉備真備が推した文室大市王や文室浄三王の兄弟はいずれも長親王の王子で、天武系皇別氏族である。

壬申の乱で皇統が天智天皇の系統から天武天皇の系統に移ったために、天智天皇系皇族であった天智天皇の孫王の白壁王は、皇位継承とは全く無縁の存在だった。しかし、ここで藤原永手（藤原北家の祖である藤原房前の次男）、藤原良継（藤原式家の祖である参議・藤原宇合の次男）、藤原百川（藤原式家の祖である藤原宇合の八男）が天智系の皇孫・白壁王を推して即位されたのである。

つまり、天武天皇の孫王・文室大市王、文室浄三王を排し、天智天皇の孫王に即位を願った。ここで皇統は天武天皇系から天智天皇系に移る。そして世系も孝謙天皇＝称徳天皇の三十四から光仁天皇の三十二に戻っている。

孝謙天皇＝称徳天皇の陵は奈良市山陵町にある高野陵《たかののみささぎ》である。

称徳天皇＝孝謙上皇崩御の後、皇紀一四三〇年＝宝亀元年（七七〇年）十月一日、皇太子・白壁王が光仁天皇として即位される。

この日、元号は神護景雲から宝亀に改元された。

ここで称徳天皇＝孝謙上皇から白壁王（天智天皇の孫王）に皇位が継承されたということは、前述の通り、天武天皇の系統から天智天皇の系統に皇位が移ったことであり、皇紀一三三三年＝天武天皇二年（六七三年）に天武天皇が即位されてから、皇紀一四三〇年に称徳天皇が崩御され光仁天皇が即位されるまで、およそ百年＝一世紀、天武系の天皇が続いたが、ここで天智天皇系統の天皇が即位されて、皇位は天智天皇系に移ったのである。

天武天皇の系統が天武天皇から八方九代であり（重祚が一回）、十代目で天智天皇系統の光仁天皇の即位となった。光仁天皇は、天武系最後の天皇である孝謙天皇＝称徳天皇から共通の天皇に遡ると、舒明天皇となり、光仁天皇は舒明天皇の曾孫（三世孫）になる。因みに、継体天皇は遡っての共通の天皇である応神天皇の五世孫であった。

この皇位継承は、今後皇統が断絶しそうになったときの解決の糸口を、男系女性天皇も含めて、与えてくれる。

称徳天皇＝孝謙上皇が崩御され、道鏡が失脚したあと、光仁天皇は大隅国に配流されていた和気清麻呂を従五位下に復される。

その後、清麻呂は自ら願い出て、美作・備前両国の国造《くにのみやつこ》に任じられている。道鏡は下野《しもつけ》（栃木県）へ配流され、造下野《みやつこしもつけ》薬師寺別当（下野国）に任じられた。

道鏡を皇位に就かせれば天下太平になるという、宇佐八幡宮の神託を奏上して、道鏡事件を引き起こした大宰府主神《かんづかさ》の中臣習宜《すげ》阿曾麻呂は、多禰島守《たねのしまのかみ》に左遷された。

淳仁天皇崩御から七年後、皇紀一四三二年＝宝亀三年（七七二年）、光仁天皇は僧侶六十人を派遣し、斎《いつき》を設けて、淳仁天皇の魂を鎮められた。そして皇紀一四三八年＝宝亀九年三月二十三日、陵が山陵（天皇の陵）扱いとされる。兵庫県南あわじ市賀集にある淡路陵である。

孝謙天皇＝称徳天皇は淳仁天皇を廃し、再びご自身が即位（重祚）されたが、その後の皇位についてどのように考えておられたかは全く不明である。この流れの中で、宇佐八幡宮神託事件は皇位継承の歴史の必然であったのかも知れない。

【井上内親王の廃后と他戸親王廃太子事件】

次の光仁天皇の御世、聖武天皇の第一皇女・井上内親王（孝謙天皇＝称徳天皇の異母姉）が、皇紀一四三二年＝宝亀三年（七七二年）三月二日、難波内親王（志貴親王の女王で光仁天皇の同母姉）を呪詛したという事件に連座し、皇后の地位を廃された。

また同年五月二十七日には、

「今、皇太子と定めてあった他戸《おさべ》親王の母である井上内親王が、呪詛によって大逆を謀っていることは一度や二度のことではなく、たびたび発覚している。……他戸親王の皇太子の位を退ける」と詔され、他戸親王は皇太子を廃され庶人とされた。

夫君であり、（光仁）天皇である方の同母姉（難波内親王）を、しかもご自身の皇子（他戸親王）も成長しているというのに、その天皇の同母姉を呪詛するとはおよそ考えられないことである。

山部親王を立太子させるために、井上内親王母子を抹殺したかったとも推察されるが、いずれにしてもこの事件は実に不可解なことである。

皇后の井上内親王と皇太子の他戸親王が廃された翌年、皇紀一四三三年＝宝亀四年（七七三年）一月二日、山部親王（後の桓武天皇）が立太子された。山部親王の母は百済系渡来人氏族である和氏《やまとうじ》の高野新笠《たかののにいがさ》である。

さらにこの年、宝亀四年（七七三年）十月十四日、難波内親王（光仁天皇の同母姉）が薨去された。

そして十九日、井上内親王がまた呪詛し殺害したという嫌疑がかかり、他戸親王と共に庶人に落とされ、大和国宇智郡（奈良県五條市）の没官の邸に幽閉される。さらに二年後の宝亀六年（七七五年）四月二十七日、幽閉先で他戸親王（十五歳）と同日に薨去される。この不自然な死は自害か暗殺かいずれかであろう。

井上内親王の立后と他戸親王の立太子に尽力した左大臣の藤原永手（北家、房前の次男）が宝亀二年（七七一年）二月二十一日に死去して、藤原氏内部で房前を祖とする藤原北家から、宇合を祖とする藤原式家への権力移動があり、井上内親王の光仁天皇呪詛事件は、山部親王（次の桓武天皇）の立太子をもくろむ藤原良継や藤原百川ら藤原式家一派の陰謀だという説もあるが、それほどこの事件は不可解な出来事だったのである。

半島から亡命してきた百済王の末裔である和氏の高野新笠が産んだ山部王が立太子した裏には、皇后井上内親王と皇太子の他戸親王の不可解な薨去がある。

井上内親王と他戸親王が薨去されてから十年後の皇紀一四四五年＝延暦四年（七八五年）九月、桓武天皇の御世、藤原種継（式家）が暗殺（射殺）されている。種継は宇合の孫（式家）である。百済からの亡命氏族である和氏出自の山部親王の立太子に尽力した良継、百川らは種継の伯父、叔父たちである。

光仁天皇の皇后である井上内親王とその子である皇太子の他戸親王が呪詛の嫌疑で皇后、皇太子を廃され、その上、宇陀に幽閉されて、二年後の同日にお二方共に薨去された背景には、相当複雑な事情がある。

しかも、ここで皇后でもない百済系の妃の高野新笠が生んだ山部親王（桓武天皇）が立太子しているのである。

皇紀一二五二年＝崇峻天皇五年（五九二年）に第三十三代推古天皇が最初の女性天皇として誕生されてから皇紀一四三〇年＝神護景雲四年（七七〇年）に第四十六代＝第四十八代の孝謙天皇＝称徳天皇が崩御されるまで、およそ百八十年の間に、六方八代の女性天皇が皇位に就かれた。

この間の天皇は十五代であるから、数にしても御世にしても、そして在位期間全てにおいて、およそ半分の人数と期間が女性天皇で占められた時代であった。

そしてこの間は、崇峻天皇弑逆事件という日本の歴史上初めてで最後の大逆事件に始まり、あわや万世一系の皇統が途切れ、道鏡王朝という別の王朝になる恐れのあった「宇佐八幡宮神託事件」（道鏡事件）で終わっている。

また、この期間は「乙巳の変」により蘇我氏という豪族を滅ぼして、「大化の改新」が行われ、律令国家を建設した時期に始まり、天武天皇に始まる天武系の天皇が八代続いたあと天智天皇の系統に皇位が移った時期までとなった。

孝謙天皇＝称徳天皇の後は、女性天皇が多く即位された時期に対する反省もあったのか、その後は、第百八代後水尾天皇の御世の次に、後水尾天皇から譲位を受け明正天皇が即位されるまで、およそ八百六十年、女性天皇が即位されることはなかった。

近代国家として出発した明治天皇以後は、憲法・皇室典範は女性天皇を認めないこととなった。この法制度は現日本国憲法にも現皇室典範にも引き継がれている。明治以降の憲法、皇室典範が女性天皇も譲位の制度も認めていないのは、推古天皇に始まり孝謙天皇＝称徳天皇で終わる時期の、およそ百八十年の皇位継承の歴史を学習しているからではなかろうか。

第百九代 明《めい》正《しょう》天皇

〔世系第六十七　即位七歳　在位十五年　宝算七十四歳〕

第百九代明正天皇として即位された興子《おきこ》内親王は皇紀二二八三年＝元和《げんな》九年（一六二三年）十一月十九日、第百八代後水尾天皇の第二皇女として誕生された。母は太政大臣征夷大将軍・徳川秀忠の娘の東福門院源和子《まさこ》である。（『かずこ』であったが、入内《じゅだい》の際に濁音発音を嫌う宮廷風習にならい「まさこ」と読みを変える）

母の徳川和子《まさこ》は皇紀二二六七年＝慶長《けいちょう》十二年（一六〇七年）十月四日、徳川秀忠の娘（五女、徳川家康の内孫）として江戸城で誕生する。母親は戦国武将浅井長政の三女・江《ごう》である。

興子内親王（明正天皇）が誕生される前、皇紀二二七一年＝慶長十六年（一六一一年）三月二十七日、後水尾天皇が即位されると、徳川家康は息子・秀忠の娘で内孫の和子（五歳）の入内《じゅだい》を申し入れる。そして三年後の皇紀二二七四年＝慶長十九年（一六一四年）四月、家康の望み通り入内宣旨が出された。

しかし、その後、慶長十九年の大坂の陣、元和二年（一六一六年）の家康の死去、そして皇紀二二七七年＝元和三年の後陽成院（後陽成天皇）の崩御と続いたため、実際の入内は大幅に延期されていた。

この間、皇紀二二七五年＝慶長二十年（一六一五年）七月十三日、元号が慶長から元和に改元される。

皇紀二二七八年＝元和四年（一六一八年）、入内する和子のために女御御殿の造営が開始される。ところが、この年十月五日、後水尾天皇の寵愛する典侍の四辻与津子《よつこ》（お与津御寮人）との間に皇子の賀茂宮が誕生され、これが幕府の知るところとなり、入内は一時棚上げとなる。

与津子の父は、正二位権大納言・四辻公遠《きんとう》で、この時は既に死去している。四辻氏は第八十代高倉天皇から第八十八代後嵯峨天皇まで九代の天皇に仕えた公卿・太政大臣西園寺公経の四男・四辻実藤《さねふじ》を祖とする。四辻公遠も正親町天皇に仕えた。

お与津御寮人事件で、翌元和五年（一六一九年）、秀忠自身が上洛して参内し、与津子の兄弟である四辻季継《すえつぐ》・高倉嗣良《つぐよし》を含む近臣らを配流処分にし、与津子と所生の皇女・梅宮らを宮中より追放することを了解することで、お与津御寮人事件は解決した。

与津子の兄・季継は弟の嗣良とともに豊後に配流となった。ただし、翌年には大赦により復帰している。

天皇が典侍などを妃として、皇子女が誕生すること自体はこれまでごく普通のことであり、これを非難することなど有り得なかった。しかし、徳川方（幕府）は和子に皇子が誕生し、その皇子が即位して秀忠が天皇の外祖父となることを望んでいたので、これの障害になることを、あらかじめ除いておきたいという意向を、押し通したに過ぎない。

先の妃に皇子が出来たので、この皇子が即位されることのないように、母方（四辻家）一族を追放しておかなければならなかったのである。

その後、園基任《もとただ》の娘・園光子、櫛笥隆致《くしげたかちか》の娘・櫛笥隆子、園基音《もとなり》（園基任の子）の娘・園国子、四辻継子（四辻季継の娘）が典侍となっている。そして、園光子は後光明天皇の生母に、櫛笥隆子は後西天皇の生母に、園国子は霊元天皇の生母にそれぞれなっている。従って、四辻与津子に皇子が誕生したからといって、祝福することはあっても、抗議するなどあり得ないことで、ただ幕府の都合だけによる抗議であった。後水尾天皇が内心怒りを覚えられたことは容易に想像がつく。

この年、六月二十日、賀茂宮の同母妹の第一皇女・文智女王（梅宮）が誕生される。

源（徳川）和子は入内に先立ち、皇紀二二八〇年＝元和六年（一六二〇年）六月二日、従三位に除せられ、同月十八日に後水尾天皇の女御として入内し、四年後の寛永元年（一六二四年）に中宮に冊立される。天皇は和子を大切に扱っておられることがよく分かる。

皇紀二二八二年＝元和八年（一六二二年）十月二日、賀茂宮が薨去される（五歳）。第一皇子であるから成長して即位される可能性もあった。それだけに、徳川将軍家としては、近親者を執拗に排除したのであった。

皇紀二二八三年＝元和九年（一六二三年）十一月十九日、後水尾天皇と女御・和子との間に興子《おきこ》内親王（明正天皇）が誕生される。

この年七月二十七日、二代将軍秀忠の二男（嫡男）・徳川家光（二十歳）が正二位に昇叙し、内大臣を任ぜられ、併せて征夷大将軍・源氏長者宣下を受ける。家光は和子の三歳年上の同母兄で、母は浅井長政の三女・江《ごう》である。

皇紀二二八四年＝元和十年（一六二四年）二月三十日、元号が元和から寛永《かんえい》に改元される。この年、寛永元年、家光の将軍就任祝賀と文禄・慶長の役の捕虜返還交渉などで、第三回朝鮮通信使が来朝する。

朝鮮通信使は天皇が即位されたときには来ず、将軍就任の時に来ている。日本の国体を理解していなかったようである。あるいは、知っているからこそ、あえて無視して幕府と接触していたのかも知れない。現在、大韓民国が天皇のことを執拗に日王と言って敢えて無視しているのと同じである。

【明正天皇の即位】

源和子が入内して九年が経った皇紀二二八九年＝寛永六年（一六二九年）十一月八日、紫衣事件（後述）や先のお与津御寮人事件、それに三代将軍・家光の乳母の春日局が無官のまま参内（朝廷の慣習無視）した事件で、幕府への憤りを覚えられた父帝・後水尾天皇は、突然、和子との間に生まれた興子に内親王宣下され、譲位された。

翌皇紀二二九〇年＝寛永七年（一六三〇年）九月十二日、興子内親王が明正天皇として即位される。明正天皇の御名は第四十三代元明天皇と第四十四代元正天皇の御名に由来する。孝謙天皇＝称徳天皇に続く七人目の女性天皇である。

紫衣事件とは、朝廷が大徳寺や妙心寺の高僧に出した紫衣の勅許を、幕府が無効とした事件である。

明正天皇即位の前、皇紀二二八七年＝寛永四年（一六二七年）、幕府は朝廷から大徳寺などの高僧へなされた紫の法衣、袈裟《けさ》の授与を無効としていた。そして二年後の寛永六年、幕府のこの措置に反対した大徳寺の僧、沢庵《たくあん》を出羽に、玉室宗珀《ぎょくしつそうはく》を奥州棚倉（福島県）に一時流罪とした。

幕府の決定が朝廷の勅許に優先することを、幕府が明らかにした歴史的な大事件であった。この時、後水尾天皇はこれに憤慨され、秀忠の外孫である興子内親王に皇位を譲られ、ご自身は退位され上皇となられたのであった。

僧、僧尼は推古天皇の御世から朝廷が管理しているのである。推古天皇の御世に起きた僧の殺人事件を切っ掛けに、朝廷が僧の管理を行うようになった。つまり、国家が僧と寺を管理することは日本の国体となっていたのである。この体制を壊すような幕府の介入は許されるものではなかった。

先の大戦終結からは、「政教分離の原則に基づき」（と称して）、政府はこの寺の管理を行わなくなった。

こうして父帝の後水尾天皇の意向により、興子内親王が寛永六年十一月八日、七歳で即位される。これにより称徳天皇＝孝謙上皇以来八百五十九年ぶりに女性天皇が誕生した。

ただ、明正天皇は七歳で即位され、二十歳で次の後光明天皇に譲位され、退位しておられるので、実質的に天皇としての朝政は執ってはおられない。父帝の後水尾上皇が太上天皇として院政を敷かれ、明正天皇が朝廷における実権を持たれることはなかった。

明正天皇は後水尾上皇の許可無しでは、外出も他人との面会もできなかった。院政は本来、幕府の法体系の枠外の仕組みであり、「禁中並公家諸法度」ではそれを統制できなかった。だからこそ、幕府に対して抗議し、後水尾天皇は興子内親王に譲位され、上皇となられて、幕府の束縛から逃れ、自由に朝政を執られたのであった。

明正天皇の御世に起きた出来事は、院政を敷いておられた後水尾上皇が差配された。従って当然のことながら、明正天皇が直接裁可し執行されることはなかった。

皇紀二二九〇年＝寛永七年（一六三〇年）、幕府は鎖国の一環として、キリスト教の教義書輸入を阻止するために禁書令を制定する。勿論、キリスト教と無関係な西洋の科学書の輸入は認められた。

皇紀二二九一年＝寛永八年、外国から出入りする船舶に関しては、将軍が発給した「朱印状」に加えて、老中が作成した「奉書」という許可証の所持が必要として、「奉書船」の制度が始まる。なお、老中とは征夷大将軍に直属して国政を統轄した幕府の役職である。

皇紀二二九二年＝寛永九年（一六三二年）五月、幕府は外様大名を招集し、肥後熊本藩内のお家騒動（内訌）などを理由に、肥後熊本二代藩主・加藤忠広（加藤清正の三男）の改易を命じる。加藤忠広には出羽丸岡に一代限りの一万石の所領を与えた。かつての豊臣恩顧の雄藩大名処分である。

十二月十七日、幕府が大目付を設置する。

この大目付は老中の下で、大名、高家《こうけ》及び朝廷を監視し、幕府を謀反から守る監察官の役割を担った。大目付は旗本の職の中でも江戸城留守居・御三家家老に準ずる最高位とされ、旗本でありながら万石級の大名を監視するのであるから、その在任中は万石級の格式を与えられ、「守《かみ》」の官位が授けられた。

皇紀二二九三年＝寛永十年（一六三三年）四月、「奉書船」以外の海外渡航や海外からの帰国を禁止する（第一次鎖国令）。また、海外に五年以上居留した日本人の帰国を禁じた。

二月、黒田騒動が発生する。
福岡黒田藩家老の栗山大膳が、「藩主黒田長政の長男・忠之は幕府転覆を狙っている」と幕府に上訴した。藩側は「大膳は狂人である」との主張を行い、幕府は藩側の主張を認め、所領安堵の触れを出し、十年に及ぶ抗争が幕を閉じた。お家取り潰しや転封《てんぽう》になった安芸国の福島氏や肥後国の加藤氏とで対処に差が出ている。

皇紀二二九四年＝寛永十一年（一六三四年）、先の第一次鎖国令の再通達としての第二次鎖国令を出す。そしてポルトガル人を管理する目的で、幕府は長崎に人工島の出島を造成する。

皇紀二二九五年＝寛永十二年（一六三五年）三月十一日、対馬藩の朝鮮への国書偽造問題で、将軍家光の前で、宗義成《そうよしなり》と家老・柳川調興《しげおき》の直接問責が行われた。江戸にいる大名が総登城し、江戸城大広間で対決の様子が公開された。

結果、将軍家光の裁断により、幕府としては従前同様に日朝貿易は対馬藩に行わせることとし、宗義成は無罪、柳川調興は津軽に流罪とされた。また、以酊庵《いていあん》の庵主であった規伯玄方《きはくげんぽう》も国書改竄《かいざん》に関わったとして南部（青森県）に流された。

国書偽造の責任を対馬藩藩主の責任とせず、事件に関わった家老・柳川調興と以酊庵庵主であった規伯玄方の個人責任として解決したのである。

国書偽造であるから、本来であれば朝廷も関わるべき問題であるが、幕府だけで処理している。天皇（明正天皇）が将軍・家光の同母妹であるという関係もあっての安易さからかも知れないが、この幕府の対・外国関係処理の体質が、後に勅許を得ずに幕府が締結した安政条約（不平等条約）に繋がっていった。朝廷の上に立ったと勘違いした幕府が、勅許というものの重要性を認識していなかったといえる。

六月二十一日、「武家諸法度」を改訂し、全国の大名に参勤交代を義務づける。これが諸藩の藩財政を圧迫し、ひいては幕府の狙い通り、各藩の力を削ぐことになった。

この年、「第三次鎖国令」を出す。

清国・オランダなど外国船の入港を長崎のみに限定し、東南アジア方面への日本人の渡航及び日本人の帰国を禁じた。朱印船貿易も終わり、日本船の海外渡航と帰港を全面的に禁止する。

しかしこの年、幕府が鎖国政策を採っている中で、松前藩の二代藩主松前公広《まつまえきんひろ》が村上掃部《かもん》左衛門を樺太《からふと》巡察に派遣する。そして領内の地図を作らせた。樺太は完全な日本の実効支配下にあると認識されていた。

その後、明治八年（一八七五年）五月七日、ロシアとの間で締結された「千島樺太交換条約」で樺太はロシア領となり千島が日本領土となった。

皇紀二二九六年＝寛永十三年（一六三六年）、第四次朝鮮通信使が来日する。柳川一件もあり、通信使の扱いが日本側の主導で以下のように変更された。

第一、朝鮮側の国書で徳川将軍の呼称を「日本国王」から「日本国大君」に変更する。日本側の国書では「日本国源家光」とし、日本の天皇の御存在を明確にしている。

（現在は天皇を日本国の元首とするかどうかを曖昧にし、日本国天皇の御存在を不明確にしている）

第二、親書に記載される年紀の表記を干支から日本の年号に変更する。

（現在は日本政府は外務省を中心として、元号を廃止して、キリスト暦だけを使用しようとしている）

第三、使者の名称を朝鮮側は「回答使兼刷還使」から「通信使」に変更する。

この年五月十五日、大陸満州の後金が国名を清に改め、清国を建国する。そして、この清国が李氏朝鮮に対して臣従を要求したが、親明反後金政策（明は承認するが後金＝清国は認めない）を採っていた李氏朝鮮の第十六代国王の仁祖は、この要求を拒絶する。李氏朝鮮が明の冊封を受けている以上は、親明反後金は当然のことではある。しかし、これが翌年寛永十四年（一六三七年）の清の朝鮮侵攻に繋がった（後述）。

六月一日、幕府は寛永通宝を鋳造し、浅草・芝・近江国坂本に銭座（銭貨を鋳造した組織）を設置する。

またこの年寛永十三年、「第四次鎖国令」を出す。貿易に関係のないポルトガル人とその妻子（日本人妻とその子含む）二八七人をマカオへ追放し、残りのポルトガル人を長崎の出島に移す。

皇紀二二九七年＝寛永十四年（一六三七年）一月三十日、前年五月、半島で清への臣従を拒否した李氏朝鮮が清国の侵攻を受けて敗北し、「三田渡《さんでんと》の盟約」を結ばされ、清の完全なる属国となる。そして、この属国状態は、明治二十八年（一八九五年）に日本が日清戦争で清国を破り、清国を半島から駆逐した下関条約が締結されるまで、二百五十八年続くことになった。この間、国力は極端に疲弊劣化してしまう。

なお「三田渡の盟約」の内容は以下の通りである。

- 朝鮮は清に臣下の礼をつくすこと。
- 朝鮮は明《みん》からの誥命《こくめい》（朝鮮王冊封の文書）と冊印（朝鮮の国璽《こくじ》）を清に献納すること。
- 明と絶交し明の年号は使わないこと。
- 王の長男と次男、および大臣の子、大臣に子がない場合はその弟を人質として清に送ること。また何か不慮なことが起これば、人質の王子を朝鮮王に擁立するので覚悟しておくこと（古代推古朝までの日本と半島との関係に似る）。
- 清が明を完全征服する時は、命令を下し使いを送るので、場合によっては数万規模の歩兵、騎兵、船員を、命じられた期日までに、遅れることなく派遣すること。
- また清が椵島《だんとう》（鴨緑江の河口にある島）を攻め取るため、船五十隻・水兵・槍砲等を準備しておくこと。

・聖節（清の皇帝の誕生日）や正月等、慶弔時は慣例に従い、大臣や内官が献礼に来ること。
・清軍の脱走兵が鴨緑江を渡り、朝鮮に逃れた場合、強制送還すること。
・内外の諸臣と婚姻を結び、友好を固くすること。
・新旧の城郭は清の事前の許可なく修理・増築を行わないこと（江戸幕府もこれと同じ法度を各藩に課した）。
・日本と貿易を行うこと（この条は事情がよく分からない。現在のように、朝鮮の反日が余りに度が過ぎていたのであろうか）。
・毎年黄金一百両・白銀一千両のほか、水牛角弓面二百副・豹皮一百張、鹿皮一百張等、二十種目の物品を献納すること（実に具体的である）。

そして、この盟約を周知するために、「大清皇帝功徳碑」が建立された（ソウル特別市）。

李氏朝鮮は厳しい条件を付され、清国の完全な属国となった。しかし、このような状況下にあっても、日本の徳川幕府は朝鮮通信使を受け入れ、李氏朝鮮を半独立国として扱った。日本も後の日韓併合条約締結のとき、この盟約と同じことをすべきだったのかもしれない。日本は優しすぎたともいえる。

【島原の乱】

明正天皇即位から八年後の皇紀二二九七年＝寛永十四年（一六三七年）十月二十五日、島原の乱が勃発する。

有馬村（島原）のキリシタンが代官所に談判に赴き、代官の林兵左衛門を殺害し乱が勃発する。背景には島原藩の過酷な年貢の取り立てがあった。そしてまた、その背景には、土地が実際より大きく登録され、結果として年貢（税）負担が過酷になっていたということがあった。

天草四郎（本名・益田時貞）を総大将とした一揆軍の勢いを見て、島原藩勢は島原城（長崎県島原市城内）に籠城して防備を固めた。一揆軍は島原城下に押し寄せ、城下を焼き払い略奪を行うなどして引き上げた。

事態を重く見た幕府は、九州諸藩を中心とした大規模な討閥軍を編成し、一揆軍鎮圧に向かう。一揆軍は当時廃城になっていた原城（南島原市南有馬町乙）に籠城したが、鎮圧軍はこれを包囲し、最後は兵糧攻めで鎮圧した。

乱の勃発から四ヶ月後、皇紀二二九八年＝寛永十五年（一六三八年）二月二十八日、一揆軍の原城が陥落し、乱は鎮圧された。

天草四郎は本名を益田時貞といい、関ヶ原の戦い（皇紀二二六〇年＝慶長五年九月）に敗れて斬首された肥後国の小西行長の遺臣・益田好次の子である。なお、小西行長はキリシタン大名の一人で、洗礼名はアウグスティヌスといった。

島原藩主の松倉勝家（祖は信長と秀吉に仕えた筒井順慶の家臣）は、過酷な年貢の取り立てによって一揆を招いた責任を問われて改易処分となり、後に斬首となった。藩主が切腹ではなく斬首とされたのは、江戸時代を通じて、この一件のみである。

乱後、天領（幕府直轄）となった天草の初代代官・鈴木重成は、天草の貧しさと過酷な年貢の原因が、過大な石高の算定にあることを見抜き、検地をやり直して、石高の算定を半分にするよう何度も幕府に訴えた。しかし、幕府は前例がないとしてこれを拒絶する。

そのため、重成は承応二年（一六五三年）十月十五日、江戸の自邸で「石高半減の嘆願書」を遺書として残して切腹し、幕府に抗議した。

重成は乱の追討使・松平信綱に従って戦地入りして、原城攻撃に一番乗りの武功を立てて顕彰されている。そして戦後の寛永十八年（一六四一年）、天領となった天草の初代代官に任じられた。

幕府は事態に驚愕し、重成の養子重辰を二代目代官に任じたが、重辰もまた石高半減を幕府に再三訴え続けたため、皇紀二三一九年＝万治《まんじ》二年（一六五九年）、第百十一代後西天皇の御世、第四代将軍家綱の時代になって、ようやくこれが認められた。重成が命を賭して民を重税から救ったのである。重成が切腹してから六年、乱発生から二十二年経っている。鈴木親子二代に亘っての嘆願であった。

寛永十五年十二月六日、後水尾天皇の典侍でお与津御寮人事件の犠牲となった四辻与津子が死去する。幕府から圧力を受けて天皇から遠ざけられ、内裏から追放されて落飾し、明鏡院を称して嵯峨に隠棲しておられた。幕府の横暴の犠牲となった。

皇紀二二九九年＝寛永十六年（一六三九年）、幕府は「第五次鎖国令」を出す。島原の乱で一揆を支援したポルトガルと国交を断絶し、ポルトガル船の入港を禁止した。

鎖国政策が進むが、実際に孤立していたわけではなく、李氏朝鮮及び琉球王国とは「通信」の関係にあり、大陸の明朝（のち清朝）及びオランダ（オランダ東インド会社）との間には通商関係もあった。もっとも、幕府が認めていたオランダとの貿易額は明・清の半分程度の規模であった。

しかしこの時期、日本が例外的に国交を開いていた支那大陸の明・清、朝鮮（李氏朝鮮）、オランダ（現在の中華人民共和国、南北朝鮮、オランダ）が、現在では最も反日的な国家であることは歴史の皮肉であろうか。

皇紀二三〇〇年＝寛永十七年（一六四〇年）六月、蝦夷の駒ヶ岳が噴火し、降灰の影響で陸奥国津軽地方が凶作となる。これが切っ掛けとなって寛永の大飢饉が発生する。そして翌十八年初夏には畿内、中国、四国地方で旱魃《かんばつ》が発生し、秋には大雨となり、北陸では長雨、冷風などによる被害が発生する。

皇紀二三〇一年＝寛永十八年（一六四一年）、オランダ商館が長崎の出島へ移転し、出島でのオランダ貿易が開始され、平戸での南蛮貿易は終了する。

皇紀二三〇二年＝寛永十九年（一六四二年）、全ての大名に参勤交代が義務づけられる。

寛永十九年末〜翌二十年、寛永の大飢饉が更に深刻化し、餓死者が増大して、京、江戸、大坂の三都への人口流入が発生する。幕府や諸藩は「飢人改め」（今の職務質問）を行い、身元が判別したものは各々当該藩の代官に引き渡した。

不作はさらに翌寛永二十年も続き、百姓の逐電《ちくでん》や身売りなど、飢饉の影響が顕在化しはじめ、幕府は対策に着手し、武家諸法度などで倹約を指示する。将軍家光（明正天皇の従兄）は諸大名に対し、領地へ帰り飢饉対策を執るように指示する。また米作離れを防ぐために煙草の作付を禁止し、酒造を統制し、雑穀を用いるうどん・切麦（麺）・素麺《そうめん》・饅頭《まんじゆう》・南蛮菓子（洋菓子）などの製造販売を禁止した。また御救小屋《おすくいごや》の設置など、具体的な飢饉対策指示のお触れを出す。

これらの指示は、キリシタン禁制と同じく、幕府が全国の領民に、藩を飛び越して直接下した法令として、重要な意味を持った。この政策は後の徳川幕府における飢饉対策の基本方針とされる。

島原の乱と寛永の飢饉を契機に、幕府の農政が百姓撫育《ぶいく》へと転換し、諸大名に課していた普請役（建築物の築造や土木工事などに徴用する課役）は激減した。また、諸藩もそれぞれ藩政改革に乗り出す。

皇紀二三〇三年＝寛永二十年（一六四三年）十一月十四日、明正天皇は在位十五年、二十一歳で異母弟の紹仁《つぐひと》親王（後光明天皇）に譲位され太上天皇となられた。のちに出家して、太上法皇となられる。全て院政を敷いておられた後水尾上皇の指示によるものであった。

明正天皇として七歳で即位され、二十一歳で譲位しておられるので、朝政は実質的には上皇で先帝の後水尾上皇が執っておられた。退位後も結婚されず独身を通される。

「天皇となった女性は即位後、終生独身を通さなければならない」という不文律がある。結婚されて男子が誕生した場合に万世一系が遵守できない可能性が出てくるからである。後水尾天皇はこの不文律を利用し、徳川氏が天皇の外祖父になることがないよう、皇室から徳川の血を排除し、後世までその累が及ばぬようにするという意図があって、皇女の明正天皇を即位させたのであろう。

興子《おきこ》内親王の同母妹の第三皇女・女二宮《おんなにのみや》（内親王）は従兄である従一位関白の近衛尚嗣《ひさつぐ》に降嫁され、

第六皇女・賀子《よしこ》内親王は関白・二条光平《みつひら》に降嫁された。それぞれ五摂家の近衛家、二条家に降嫁しておられる。

近衛尚嗣は、後陽成天皇の第四皇子（幼称は二宮）として誕生され、近衛信尹《のぶただ》の養子になられた近衛信尋《のぶひろ》の息子で、近衛家第二十代当主となる。なお、尚嗣の正室は、前述の通り、明正天皇の同母妹の女二宮である。後陽成天皇の第四皇子が近衛家の十九代当主となり、近衛家は皇別摂家となる。

二条光平の母は後陽成天皇の第六皇女・貞子内親王である。また二条光平の正室は、前述の通り、後水尾天皇の第六皇女・賀子《よしこ》内親王である。

(102)後水尾天皇
徳川和子
→興子内親王（明正天皇）
→女二宮（従一位関白近衛尚嗣《ひさつぐ》の正室）
→賀子内親王（関白二条光平の正室）

(102)後陽成天皇
→(102)後水尾天皇
→近衛信尋《のぶひろ》（第四皇子で近衛信尹《のぶただ》の養子）→近衛尚嗣（正室は女二宮内親王）

明正天皇は、皇紀二三五六年＝元禄九年（一六九六年）、東山天皇の御世、宝算七十三年で崩御された。陵は京都市東山区今熊野泉山町の月輪《つきのわ》陵である。

これまでの女性天皇が中継ぎ的役割を担っておられたのに対し、明正天皇の即位は、後水尾天皇と幕府の徳川将軍家との確執の末に、後水尾天皇によって任命されたものであった。天壌無窮の神勅にある「これ吾《あ》が子孫《うみのこ》が王となる国である」に反し、徳川将軍家が王になろうとしていることに、後水尾天皇が激しく反発され、その結果として誕生された天皇であった。天皇の幕府に対する最大の抗議は譲位（退位）されることである。

明正天皇は父・後水尾天皇と幕府の確執が激化する中、朝幕関係の融和に努められた。その意味でも、明正天皇の誕生はよい結果に終わったと解してよい。

三代将軍家光が明正天皇の伯父であったことが、天皇と幕府の融和に役立ったことは確かであろう。

東福門院（和子）より後に徳川家からの入内が行われることはなかった。

第百十七代　後《ご》桜《さくら》町《まち》天皇

〔世系第七十一　即位二十三歳　在位九年　宝算七十四歳〕

智子《としこ》内親王（後桜町天皇）は皇紀二四〇〇年＝元文五年（一七四〇年）八月三日、第百十五代桜町天皇の第二皇女として誕生された。母は関白左大臣・二条吉忠の娘で、父帝・桜町天皇の女御・二条舎《いえ》子《こ》（青綺門院）である。

先帝・桃園天皇は智子内親王の一歳年少の異母弟に当たり、後桜町天皇の即位は弟から異母姉への譲位となり、極めて異例なこととなった。父は先々帝・桜町天皇であるから男系女性天皇であり、女系天皇ではない。先帝・桃園天皇の母は父帝・桜町天皇の典侍・姉小路《あねこうじ》定子である。

⑮桜町天皇
→ ⑰後桜町天皇（桃園天皇の異母姉）
→ ⑯桃園天皇（母は桜町天皇の典侍）
　→ ⑱後桃園天皇（英仁《ひでひと》親王）
　→ 貞行《さだもち》親王（伏見宮十七代当主）

母方の祖父・二条吉忠は東山天皇、中御門天皇、桜町天皇の三代に仕えた公卿で、皇紀二三九六年＝元文元年（一七三六年）八月、父帝・桜町天皇（十七歳）から関白に任じられ、同時に藤氏長者・

内覧宣旨を賜っている。

元文二年（一七三七年）八月、二条吉忠が死去し（四十九歳）、一条兼香《かねか》が関白左大臣に任じられる。

一条兼香の父は鷹司房輔《たかつかさふさすけ》、母は山科言行《ときゆき》（藤原道長の六男・権大納言 藤原長家を祖とする冷泉家）の娘であるが、母方の叔母が継室として嫁いでいた一条兼輝《かねてる》に男子がいなかったために、養子として一条家に入った。つまり、鷹司家から一条家に養子として入ったのである。

鷹司房輔→鷹司（一条）兼香（母は山科言行）
一条兼輝→一条兼香（養子）→一条道香《みちか》

後桜町天皇の一歳年下の異母弟である先帝・桃園天皇は、先々帝・桜町天皇の第一皇子で、七歳で即位された。父帝・桜町上皇による院政が行われるが、譲位から三年後の皇紀二四一〇年＝寛延《かんえん》三年（一七五〇年）四月二十三日、その桜町上皇（三十一歳）も若くして崩御された。この時、桃園天皇はまだ十歳であった。そして、この桃園天皇がまた皇紀二四二二年＝宝暦十二年（一七六二年）、在位十五年にして二十二歳で若くして崩御された。

この時、先帝・桃園天皇には第二皇子として貞行《さだもち》親王（十三歳）がおられたが、既に伏見宮家を継いで伏見宮第十七代当主となっておられた。その上、桃園天皇治世の末期に発生した宝暦《ほうれき》事件（後述）で、摂関家が幕府と癒着し、天皇に幼い頃からお側に仕えていた側近たちの追放を行っていた。

皇紀二四一八年＝宝暦八年（一七五八年）七月二日、弟・桃園天皇に皇子・英仁《ひでひと》親王（後の後桃園天皇）が誕生される。後桜町天皇の甥に当たる。

翌皇紀二四一九年＝宝暦九年（一七五九年）一月十八日、英仁親王が儲君《ちょくん》と定められ、五月十五日には親王宣下された。

【宝暦《ほうれき》事件】

桜町天皇の御世から次の桃園天皇の御世にかけて、五摂家（近衛家・九条家・鷹司家・一条家・二条家）の内で一条家以外は当主が若く、朝政に関与できない状況下にあった。そしてこの頃、若い公家たちは幕府と摂関家による朝廷支配に憤慨していた。

そうした中、徳大寺家の家臣・山崎闇斎《あんさい》の講ずる垂加《すいか》神道を若い公家たちが学んで信奉しており、桃園天皇へ直接御進講を願っていた。そして宝暦六年、竹内式部による桃園天皇への直接進講が実現した。

これで、朝幕関係の悪化を憂慮した、この時の関白一条道香は、関白太政大臣・近衛内前《うちさき》、藤氏長者で関白の鷹司輔平、九条尚実《なおざね》らと図って、天皇の近習七名（徳大寺・正親町三条・烏丸・坊城・中院・西洞院・高野）の追放を行う。そして宝暦八年、一条道香は公卿の武芸稽古を理由に、竹内式部を京都所司代に告発し、徳大寺など関係した近習を罷免・永蟄居・謹慎に処した。式部は、京都所司代の審理を受け、翌宝暦九年、追放刑の中で最も重い重追放（家屋敷を没収・住国および関八州・京都付近・東海道街道筋などへの立ち入り禁止）に処せられた。

こうして幼少の頃からの側近を失った先帝・桃園天皇は、一条家ら摂関家のこの措置に反発され、天皇と摂関家が対立することになる。

皇紀二四二二年＝宝暦十二年（一七六二年）七月十二日、先帝・桃園天皇が在位十五年、宝算二十二歳で若くして崩御された。

この時、桃園天皇の皇子は英仁《ひでひと》親王と貞行《さだもち》親王のお二人で、貞行親王（三歳）は既に伏見宮家を継いでおられ、伏見宮家第十七代当主になっておられた。英仁親王はまだ五歳であった。

ここで英仁親王（後桃園天皇）が幼くして即位され、即位後に再び同じ宝暦事件のような事態が繰り返されることを避ける必要があった。そこで、五摂家の当主らが協議し、英仁親王（後桃園天皇）の将来における即位を前提にして、中継ぎとしての新天皇を擁立することを決定し、皇紀二四二二年＝宝暦十二年（一七六二年）七月二十七日、先々帝・桜町天皇の第二皇女で、桃園天皇の異母姉の智子内親王（二十三歳）が後桜町天皇として即位されることとなった。

かくして明正天皇以来百十九年ぶりとなる八人目の女性天皇（男系）の誕生となった。智子内親王は、即位を予定されている英仁親王にとっては伯母に当たる。

⑭中御門天皇→⑮桜町天皇
　→⑰後桜町天皇（智子内親王）
　→⑯桃園天皇
　　→⑱後桃園天皇（英仁親王）→⑲光格天皇
　　→貞行親王（伏見宮第十七代）

後桜町天皇在位の間、先帝・桃園天皇の御世から引き続き、近衛家二十四代当主・近衛内前《うちさき》（父は近衛家久、母は島津氏宗家第二十一代当主の島津吉貴《よしたか》の娘・満君）が摂政・関白を務める。

この時の将軍は第十代徳川家治であった。家治は後桜町天皇の即位される二年前の皇紀二四二〇年＝宝暦十年（一七六〇年）九月二日に将軍宣下を受け、正二位・内大臣に昇叙し、在職二十六年と比較的長く、桃園天皇、後桜町天皇、後桃園天皇の御世と三代に亘って仕え、幕府は比較的安定していた。

ここで後桜町天皇の即位に関して、皇位継承のような重大事は事前に幕府に諮《はか》るとした「禁中並公家諸法度」の規定があり、幕府との関係に問題を孕《はら》んでいた。しかし、ここでは「非常事態」を理由に、幕府に対して事後報告の形でことが進められた。

天皇即位のような重要事項に関しては、現行法体系は無視しても良いとしたのである。これは、このような異常事態に際しては、時の世俗の法体系は緊急事態として無視すべきという、これからの時代にとっても極めて重要な先例として、記憶されるべきことである。今回（令和元年）に平成の御世の陛下（現・上皇陛下）が、今上陛下に譲位されたのも、現行法には譲位の制度はないが、現上皇陛下の大御心で譲位が行われたのは、まさにこの先例通りとなったのである。

このご譲位を憲法違反という向きもあるが、とんでもない間違いである。天皇は憲法を超えた存在である。憲法あっての天皇ではない、天皇あっての憲法である。天皇は太古の昔（二千六百八十年前）からおられ、日本を統治しておられる。

また、憲法や皇室典範などの世俗の法律は、臣民を律しているのであって、天皇・皇族を律しているのではない。天壌無窮の神勅、天皇の大御心と皇室慣行だけが、天皇と皇族を律している。

先帝・桃園天皇は後嗣を定めず在世中に崩御されたが、ここでは先帝の遺詔があったということにして智子《としこ》内親王に即位を要請した。そして、桃園天皇の異母姉の智子内親王（後桜町天皇）が中継ぎとして即位されることとなった。もちろん、父は桜町天皇であるから男系女性天皇である。

皇紀二四二二年＝宝暦十二年（一七六二年）七月二十七日、異母弟・桃園天皇の遺詔により践祚《せんそ》を受け二十二歳で即位された。先述した通り、桃園天皇の第二皇子・貞行親王は既に伏見宮家を継いで伏見宮家第十七代当主になっておられた。

皇紀二四二三年＝宝暦十三年（一七六三年）十一月二十七日、即位式を催行される。

後桜町天皇が即位されて二年が経った皇紀二四二四年＝宝暦十四年（一七六四年）、徳川家治の第十代将軍就任祝賀ということで、第十一回朝鮮通信使が来朝する。

次の第十二回朝鮮通信使は、皇紀二四七一年＝文化八年（一八一一年）、光格天皇の御世に徳川家《いえ》斉《なり》が第十一代征夷大将軍に任じられたとき、家斉襲封祝賀で来朝するが、この時は対馬に差し止めとなって本土には来ていないので、この後桜町天皇の御世に来朝した第十一回朝鮮通信使が実質的には最後となった。

この年皇紀二四二四年＝宝暦十四年（一七六四年）六月二日、元号が宝暦から明和《めいわ》に改元される。

皇紀二四二四年＝明和元年十二月、中山道沿いで伝馬《てんま》騒動が勃発する。

朝鮮通信使も来日するなどして交通量が増加して、宿場の負担が増し、これに反発する一揆が発生した。治安が悪化し、年末から翌年正月にかけて、暴徒が街道沿いの富農を襲撃して打ち壊しを行い、とくに中山道《なかせんどう》の交通機能は麻痺する事態となった。最終的には一揆の原因となった助郷《すけごう》の追加負担などの要求を、幕府側が取り下げて騒動は収束した。

助郷とは徳川幕府が諸街道の宿場の保護と人足や馬の補充を、宿場周辺の村落に課した賦役であった。初めは臨時の人馬徴発であって大した負担ではなかったのが、参勤交代などで交通需要が増大し、助郷が制度として恒常化し、負担が大きくなってきていた。


皇紀二四二七年＝明和四年（一七六七年）七月、旗本の田沼意次が将軍の命令を老中らに伝える将軍側近の側用人《そばようにん》となる。

八月、尊王論者弾圧事件、「明和事件」が発生する。

甲斐国の儒学者・山県大弐《だいに》は、江戸へ出て兵学・儒学を教え、大義名分に基づく尊王思想を教授する。また、宝暦八年の「宝暦事件」に連座した尊王論者の藤井直明（竹内式部の弟子）は江戸に出てこの山県大弐の家で、江戸幕府攻略の軍法を説いた。

幕府は両名を逮捕し、明和四年八月二十二日、不敬罪で大弐を死罪に、直明を磔刑《たつけい》に処した。不敬罪とはそもそも天皇、皇族に対するものであり、将軍、将軍家に対するものではないから問題であった。


皇紀二四二八年＝明和五年（一七六八年）二月十九日、桃園天皇の第一皇子・英仁《ひでひと》親王が十一歳で立太子される。

この年九月、「越後明和騒動」が勃発する。

越後長岡藩の藩政に対する不満から騒動が発生し、町民が町役人を追放して、約二ヶ月に亘り町人自治を実施した。首謀者の涌井藤四郎とその腹心の須藤佐次兵衛は捕らえられ、市中引き回しの上斬首された。しかし後の世、この涌井藤四郎と須藤佐次兵衛は義人として崇められ、墓や慰霊碑が建立され、新潟市の白山公園内には「明和義人顕彰之碑」が設置されている。昭和三年（一九二八年）九月二十五日建立とある。

皇紀二四三〇年＝明和七年（一七七〇年）四月二十八日、後桜町天皇は、先帝で異母弟の桃園天皇の皇子であり、後桜町天皇ご自身にとっては甥に当たる、英仁親王（十三歳、後桃園天皇）に予定通りに譲位され、ご自身は上皇となられる。在位九年、三十一歳であった。中継ぎとしての役目を果たされたが、譲位された後も若い後桃園天皇をよく補佐され、生涯独身を通された。

こうして後桜町天皇は甥の英仁親王（後桃園天皇）に譲位され、中継ぎとしての役目を果たされたが、皇紀二四三九年＝安永八年（一七七九年）十一月九日、この後桃園天皇がまた在位九年、宝算二十二歳と若くして崩御される。そして後桃園天皇の皇子女は欣子《よしこ》内親王だけであった。正統とされた皇統（中御門天皇の血統）の男子はここで途絶えてしまう。

後桃園天皇が崩御された後、後桜町上皇は異母弟・桃園天皇の女御であり後桃園天皇の皇太后となられた一条富子と協議され、再従弟（祖父母が兄弟姉妹の孫）である閑院宮家の兼仁《ともひと》王（光格天皇）を選び、即位を請われた。

⑬東山天皇
→⑭中御門天皇→⑮桜町天皇
→⑰後桜町天皇（女性天皇）
→⑯桃園天皇→⑱後桃園天皇

┌→直仁親王（閑院宮家創設）→典仁親王→兼仁《ともひと》王（⑲光格天皇）
一条兼香→一条富子（⑯桃園天皇の女御・皇太后）→⑱後桃園天皇
→伏見宮貞行

中御門天皇と閑院宮直仁親王はともに東山天皇の皇子である。

こうして後桜町上皇と上皇太后（皇太后）である一条富子（桃園天皇の女御で一条兼香の娘）との尽力により、傍系の閑院宮家から兼仁《ともひと》王が第百十九代光格天皇として即位されることとなった。後桜町上皇と上皇太后・一条富子が治天の君の役目を果たされた。
後桃園天皇の世系は七十二であるが、光格天皇（兼仁王）の世系は一つ戻って世系七十一で、従って光格天皇は百十六代桃園天皇の世代である。

閑院宮家は百十三代東山天皇の第六皇子・直仁親王が、皇紀二三七〇年＝宝永七年（一七一〇年）八月十一日、中御門天皇の御世に創設した世襲宮家である。後桃園天皇が若くして崩御され皇統が断絶したので、傍系であるこの閑院宮家の兼仁《ともひと》王（光格天皇）が皇位を継がれ、この系統が今上陛下に繋がっている。

女性天皇である後桜町天皇は、上皇となられた後もたびたび内裏に「御幸《ぎょこう》」され、後桃園天皇、次の光格天皇と面会され、これを良く後見された。ことに寛政元年（一七八九年）の尊号一件（父である閑院宮典仁親王への尊号贈与《しょ》に関する幕府との紛議事件）に際しては、「御代長久が第一の孝行」と諌めて光格天皇を諭《さと》された。

決して院政を敷かれたわけではないが、これまでの女性天皇を越えての役目を果たされた、特異な女性天皇であられたといえる。中継ぎの役目を超えて治天の君の役割をも果たされたのである。

朝廷の権威を守り、後に尊皇思想を啓発し、明治維新への端緒を開かれた光格天皇の良き補佐役を務められた。結局、閑院宮典仁親王への尊号は、後の明治十七年（一八八四年）、明治天皇によって追尊された。


次の後桃園天皇は十三歳で、更に次の光格天皇は九歳と、それぞれ幼くして即位されたので、後桜町上皇は退位後も、長年に亘って良く後見の任に当たられたのであった。そして、ご自身が即位される前の皇紀二四一六年＝宝暦六年（一七五六年）から、次の後桃園天皇が崩御された翌年の皇紀二四四〇年＝安永九年（一七八〇年）まで、二十四年にわたる宸筆《しんぴつ》の日記四十一冊を残しておられる。

後桜町天皇は、皇紀二四七三年＝文化十年（一八一三年）閏十一月二日、光格天皇の御世、七十四歳で崩御される。陵は京都市東山区今熊野泉山町の月輪陵である。

あとがき

皇紀二六七七年＝平成二十九年（二〇一七年）六月十六日、「天皇の退位等に関する皇室典範特例法」が公布され、皇紀二六七九年＝平成三十一年（二〇一九年）四月三十日に施行された。

これは平成二十八年（二〇一六年）七月十三日放送の『NHKニュース7』冒頭で「天皇陛下が数年内に生前退位（退位、譲位）する意向を示していることが宮内庁関係者への取材で分かった」と報じられた（敬語抜きの放送そのまま）。

宮内庁側は当初、「（報道されたようなことは）あり得ない」「事実とは異なる」等と言って否定していたが、その後、「明仁（放送そのまま）は八月八日に〈『天皇は国政に関する権能を有さない』旨を規定した憲法上の制約により、具体的な制度についての言及は避ける〉と前置きされた上で、〈生前退位の意向をにじませる内容〉のお気持ちを表明された」とした。

お気持ち表明を受けて、内閣官房に「天皇の公務の負担軽減等に関する有識者会議」が設置され、十四回にわたる会議の開催で、有識者へのヒアリングなどが行われた。

第百二十五代天皇陛下の退位を可能とする特例法を整備するとした国会の考えを前提に、会議は平成二十九年四月二十一日、退位後の天皇の称号を「上皇」、退位された天皇の后（皇后陛下）を「上皇后」とし、いずれも敬称は退位前の在位中と同様に「陛下」とし、宮内庁に新たな組織として、

「上皇職」と「皇嗣職」を新設することなどを適当とする最終報告を行った。

正式には、天皇が譲位された後は、天皇は「太上天皇」であり、皇后は「太上皇后」である。「上皇」は「太上天皇」の、「上皇后」は「太上皇后」のそれぞれ略称である。それなのに、ここで略称を正式名称にするのはこれまでの皇室慣行を無視するもので、良くないことである。

皇嗣《こうし》は、皇室典範において、皇位継承順位第一位の皇族を指す呼称である。現行の皇室典範では皇嗣のうち、天皇の皇子である者には皇太子、皇孫である者には皇太孫の称号を付している。

今上陛下には皇子がおられず、皇位継承順位第一位の皇族は、皇弟の秋篠宮文仁親王である。従って第百二十六代今上天皇在位中の皇嗣として、皇弟の秋篠宮文仁親王が皇嗣殿下となられた。そしてこの皇嗣殿下の下に「皇嗣職」が創設された。

特例法案は平成二十九年（二〇一七年）六月一日に衆議院議院運営委員会で審議され、翌六月二日に衆議院本会議を通過した。

参議院では特別委員会として設置された「天皇の退位等に関する皇室典範特例法案特別委員会」における六月七日の審議を経て、六月九日に参議院本会議で可決・成立し、六月十六日に公布された。本法は衆参両院ともに全会一致での賛成となったが、自由党は皇室典範の改正によって対応すべきとして採決を退席した。

なおその後、平成三十一年（二〇一九年）四月二十六日、自由党は「国民自由党」に合流し、現在は党としては存在しない。

女性天皇は現「日本国憲法」並びに「皇室典範」のもとでは誕生し得ない。つまり、法改正しない限りは誕生し得ないということである。

ここで重要なことは、「特例法」の採決に当たって、「政府は女性宮家の創設など安定的な皇位継承のための諸課題について、皇族減少の事情も踏まえて検討を行い、速やかに国会に報告する」とした附帯決議がなされたことである。

この付帯決議に基づいて、これから女性宮家についての議論が行われるようになるであろう。しかし、これが「非男系女性天皇」や「非男系天皇」（父親を辿《たど》っていっても天皇に繋がらない天皇）の誕生に繋がるとしたら、これは日本の国体に反する。「天壌無窮の神勅」（肇国の言葉）に反し、日本の国体を破壊することになる。二千六百八十年続いてきた万世一系の天皇ではなくなり、別の王朝となり、別の日本国になってしまう。二千六百八十年続いてきた天皇王朝の日本国は消滅する。

女性宮家の創設は非男系天皇を誕生させようとする勢力（天皇王朝破壊勢力）が主張していることであり、これを望んでいる日本国民はほとんどいないであろう。女系天皇（非男系天皇）の意味がまだ理解されていないだけである。

天皇は、俳人・正岡子規の師匠である内藤鳴雪が「元日や一系の天子不二の山」と詠んだ「一系」でなければならない。これが日本の国体の根本法である「天壌無窮の神勅」（肇国の言葉）が規定していることである。「一系」は血統であり「男系」である。男系と女系をごちゃ混ぜにしたものは一系とは言わない。雑系である。

これまで二千六百八十年間、「天壌無窮の神勅」を遵守していない天皇、つまり天照大神の「吾《あ》が子孫《うみのこ》」でない天皇はひと方《かた》もおられない。

はしがきでも指摘した通り、以前、小泉元首相が「愛子内親王が皇族ではない一般男性と結婚されて男子が誕生しても、その男子は天皇になれないのか」と詰問されたことがあるが、その通りなのである。

「女系天皇」「非男系天皇」について極めて分かりやすい例を挙げて下さった。父親を辿っても天皇には行き着かない、つまり天照大神の「吾《あ》が子孫《うみのこ》」でない天皇となるのである。

「女性宮家」を創設して「非男系天皇」（吾《あ》が子孫《うみのこ》でない天皇）を誕生させようとする勢力には、日本国民の無理解を奇貨として、早急に「女性宮家」創設を決めてしまおうという意向が透けて見える。

この勢力は「即位できる方の範囲を広げる」と言いながら、なぜかGHQが占領中に一方的に排除した旧十一宮家の復活については全く触れない。女性宮家を言う前に旧宮家の復活をすべきであることは論を俟《ま》たない。だからこそ彼らはこれに触れようとしないのである。

また、女性宮家創設には、日本国とは全く関係のない国連その他の国際機関を始めとする外国勢力も加わっている。何故これら外国勢力が自分たちには全く関係のない、日本の天皇・皇族の問題に嘴《くちばし》を入れてくるのかについては、深いわけがあるのであるが、ここではあえてこの問題には触れない。国連などの国際機関を通じて介入してきていることだけを指摘しておく。

平成二十八年（二〇一六年）三月七日、国連女子差別撤廃委員会が、日本に関する勧告の最終見解案を公表した。それによると、「男系男子による皇位継承を定めた日本の皇室典範が女性差別にあたる」として、見直しを求めている。日本政府はこれに反論し、最終的に記述は削除された。

そもそも、皇室典範は、天皇・皇族を律する法律で、天皇・皇族の家法であって、臣民の関与すべきものではない。しかるに、この法律で重要な役目を果たす皇室会議には、皇族の家長である天皇すら入っていない。天皇・皇族を律する法律でありながら、天皇・皇族に関係のない臣民が、勝手にこれを作るという構造自体が間違っていることに、気がつかなければならないはずである。

日本国民自体が、このような状態であるから、外国勢力につけ入られているのである。本人である天皇・皇族にとっては大きなお世話なのである。


勧告の最終見解案に対し、日本政府から異議を申し立てられた国連は、「委員会は既存の差別的な規定に関するこれまでの勧告に対応がされていないことを遺憾に思う」と、まるで捨て台詞《ぜりふ》のような前置きをし、その上で、「皇室典範が男系男子の皇族のみが皇位継承権を有すると規定していることに、特に懸念を有している」と批判した。

その上で、母方の系統に天皇を持つ女系の女子にも「皇位継承が可能となるよう皇室典範を改正すべきだ」と勧告していたのである。


この勧告は勿論明らかなる内政干渉であるから、放置すべきであるが、これに呼応して、女性宮家を創設して即位の門戸を広げようなどと、馬鹿なことを言う国内勢力がいるので注意する必要がある。即位の門戸を広げるということは、「天皇は誰でもなれる」ようにしようとするためで、日本から天皇をなくそうとすることを意味している。

あるいは、外国人でもなれるようにすることをも意味している。日本国の完全なる破壊であり、そうなってしまっては「覆水盆に返らず」であることを、日本国民は肝に銘じておかなければならない。

日本側はジュネーブ代表部公使が女子差別撤廃委員会副委員長と会い、皇位継承制度の歴史的背景などを説明して「女子差別を目的とするものではない」と反論し削除を求めた。これに対し、副委員長は内容に関する変更はできないが、日本側の申し入れを担当する委員と共有する、などと応じたという。七日の最終見解で皇室典範に関する記述が削除されたことについて、委員会側から日本政府への事前連絡はなかったという。

重要なのは、委員会が日本政府の説明には全く同意していないということである。従って、時をおいてまた同じ勧告をし続けることは間違いない。このような勧告が出されたら、日本はただちに国連を脱退すべきである。

そして、そのことを予め国連には言い続けておく必要がある。その上、日本の国体に関する国際機関の介入動向は、逐一、日本国民に公開すべきである。国の最重要事項であるから、これに対する国連の言動を日本国民は「知る権利」がある。

今上陛下のご即位の日である五月一日の朝日新聞デジタルが次のように報道している。

まず、海外報道「新天皇即位、妻は見られず」と。

新天皇陛下即位のニュースは、海外の主要メディアでも大きく報じられた。退位された上皇陛下の足跡や新天皇陛下の紹介だけでなく、女性皇族の立場に対する疑問なども指摘した。

また、米ニューヨーク・タイムズ紙は四月三十日付の紙面で、五本の特集記事を見開きで掲載した。上皇陛下が学習院中等科時代に英語教師から「ジミー」と呼ばれていたことや、今上陛下が皇太子時代、スペインの王女歓迎茶会で皇后陛下と知り合ったことなどを報じた。

先の四月二十九日付電子版の「新天皇即位、妻は見られず」と題した記事では、神器などを引き継ぐ「剣璽《けんじ》等承継の儀」に皇后陛下が立ち会えないことをこのような台詞《せりふ》で紹介する。「女性皇族の低い地位、ひいては日本社会において女性が直面している困難の一例」などと疑問視した。

米ワシントン・ポスト紙も二十九日付電子版で、皇室で十三人を占める女性が「誰一人、天皇になる道はない」と、女性皇族の立場に注目する記事を掲載した。

ニューヨーク・タイムズ紙もワシントン・ポスト紙もいずれも日本の天皇・皇族に対し悪意に満ちた報道を世界に発信している。

国連をはじめとする国際機関は、日本の天皇・皇族が男女平等に反していると盛んに喧伝するが、日本では例えば女子は皇族になれるが、男子は皇族になる道は全くない。

女子は皇族と結婚したら一般人女性でも皇族になるが、男子は皇族の女性と結婚しても皇族にはなれない。その意味では、日本の皇族は男子排除なのである。国際社会が日本の皇室制度を男女平等に反すると言っているのは単なる無知からか、あるいは知っていながら、ある意図を持って喧伝しているかどちらかである。

外国勢力は当然のことながら、日本の国体、天皇、皇族については全く理解がない。理解しようともしない。理解していればこのような記事にはならないはずである。

ところが、実際は理解しているからこそ、日本の社会を混乱させよう、日本の国体を破壊しようという悪意がそこに潜んでいるということを、見抜く必要がある。「女子差別」と声高に勧告し続けることによって、日本国内の世論を誘導しようとしている。そのうち、日本の学者、メディア、政治家あたりが、これに付和雷同してくる危険性が大いにある。

あるいは、日本国内の反日勢力が、外国勢力に知恵をつけて言わせる、いわゆるマッチポンプも大いにあり得る。

このような勢力に影響されて、わざわざ法改正をし、女性宮家をつくって、女系天皇への道を開き、日本の国体を破壊するようなことが起きないことを祈るだけである。

日本は世界の主要国で最後に残っている祭政一致の君主国である。GHQ占領下でかなり毀損されてしまった我が国体が、これ以上、破壊されないことを祈りたい。

女性宮家を創設したら、何世代か後には必ず女系天皇が誕生し国体は破壊される。「吾《あ》が子孫《うみのこ》」でない天皇が、つまり父親を辿っていっても天皇に繋がらない天皇が生まれる。ここで万世一系が終わって、別の王朝が生まれ、日本の国体は壊されてしまう。

繰り返しになるが、日本人の多くはこれを望んでいない。ただ事の本質を理解していないだけである。従ってまず、女性宮家創設の真の意味を理解するところから始めなければならない。

「天皇制反対」を叫んでいる勢力が、今、女性宮家創設を主張していることで、彼らの意図は透けて見えている。この日本国破壊勢力の魂胆を見破ることが大切で、そのために本著が些かでもお役に立てれば、これほど嬉しいことはない。

最後に本書を著すに当たってはＰＨＰエディターズ・グループの大久保龍也さまに多くの助言を頂き、最後まで助けて頂きましたこと、ここに感謝の意を記させて頂きます。

皇紀二六八〇年＝令和二年一月

吉重丈夫

参考文献

皇統譜
みことのり　錦正社
現代語古事記　竹田恒泰　学研パブリッシング
古事記　武田祐吉（翻訳）　角川ソフィア文庫
日本書紀　上下　宇治谷孟　講談社学術文庫
続日本紀　上中下　宇治谷孟　講談社学術文庫
日本後紀　上中下　森田悌　講談社学術文庫
続日本後紀　上下　森田悌　講談社学術文庫
日本三代実録　上下　武田祐吉（翻訳）、佐藤謙三（翻訳）　戎光祥出版
愚管抄　大隅和雄訳　講談社学術文庫
建國の正史　森清人　錦正社
歴代天皇・年号事典　米田雄介（編集）　吉川弘文館
山川 日本史小辞典　日本史広辞典編集委員会（編集）　山川出版社
日本史年表 第四版　歴史学研究会　岩波書店
日本史年表　東京学芸大学日本史研究室（編集）　東京堂出版
皇統は万世一系である　谷田川惣
皇統断絶計画　谷田川惣　チャンネル桜叢書
天皇の国　矢作直樹　青林堂
諸神社社伝

歴代天皇で読む　日本の正史　拙著　錦正社
皇位継承事典　拙著　ＰＨＰエディターズ・グループ
宮内庁ホームページ

■索　引■

●あ●

県犬養橘三千代　164, 165, 172
県犬養広刀自　167, 168, 169, 170, 171, 174
県犬養東人　165
秋篠宮　13, 32, 230
阿花王　60
浅井江　202, 205
浅井長政　202, 205
安積親王　161, 168, 169, 170, 171, 173, 174
朝倉橘広庭宮　118
飛鳥石舞台古墳　91
飛鳥板蓋宮　104, 106, 110, 113
飛鳥岡本宮　114
飛鳥寺　80, 83, 86, 134, 156
飛鳥文化　83
按察使　158, 160
蕃神　71
穴穂部皇子　70, 72, 73
穴穂部間人皇女　111
姉小路定子　219
阿倍仲麻呂　156, 178
阿閇皇女　27, 106, 126, 127, 139, 140, 142, 144, 152, 153
阿部皇女　27
阿倍比羅夫　114, 115, 116, 158
甘樫丘　107
天児屋命　106
荒田別　58
有間皇子　114, 115, 116
阿波伎　119
粟田諸姉　181
安政条約　209
安禄山の乱　180, 192

●い●

五百重娘　165, 192
伊吉連博徳　134
池田親王　187
伊治城　192
石姫　68, 69
石上神宮　59
石上麻呂　147
市杵島姫　80
一条兼香　220, 227
一条兼輝　220
一条家　220, 221
一条富子　226, 227
一条道香　220, 221
市辺押磐皇子　63, 64, 65, 66
厳島神社　80
乙巳の変　19, 23, 24, 26, 31, 76, 96, 98, 104, 108, 109, 139, 165, 166, 200
以酊庵　209
怡土城　180, 191
稲依別王　87
犬上氏　87
犬上君御田鍬　87, 88
胆振鉏　116
伊予来目部小楯　65
伊梨柯須弥　101
伊利之　114
伊侶巨秦公　148
忌部氏　106

●う●

宇佐八幡宮　191, 193, 194, 197

宇佐八幡宮神託事件 22, 193, 194, 197, 200
内屯倉 51
畝傍池 87
鸕野讚良皇女 27, 108, 121, 122, 123, 124, 125, 126, 127, 128, 140, 142
厩戸皇子 70, 73, 76, 77, 78, 79, 80, 81, 89, 93, 95, 97, 98
盂蘭盆会 83

●え●

翳飡 126, 127
栄留王 101
駅鈴 187
衛士 147
恵慈 81, 88
越後明和騒動 225
朴市秦造田来津 119
朴井 88

●お●

小姉君 68, 69, 70, 73
お家取り潰し 208
押使 113, 155, 160
大海人皇子 98, 99, 112, 121, 122, 123, 171, 172
大炊王 181, 183, 187
大江皇女 135
正親町天皇 203
大草香皇子 64
大来皇女 125
大坂の陣 202
大田皇女 108, 123, 125
大津皇子 27, 123, 124, 125, 128, 176
大友皇子 122, 135, 136, 147, 172, 176
大伴囓連 74, 75, 78, 81
大伴小手子 74, 76
大伴旅人 158, 159
大伴連糠手子 74, 76
大伴家持 159, 174
大伴山守 155
大伴部博麻 129, 130, 131, 137
大中姫 49, 52, 53, 54
太朝臣遠建治 150
太安万侶 148
大泊瀬幼武命 64
大目付 207, 208
興子内親王 19, 202, 205, 206, 207, 216, 217
息長氏 44, 69
息長宿禰 44, 45
気長足姫 44, 45
息長真手王 69, 93
億計王 63, 65, 66
忍壁皇子 123
他戸親王 161, 178, 179, 198, 199
押木の玉縵 64
忍熊皇子 49, 52, 53, 54
押坂彦人大兄皇子 69, 70, 93, 96, 97, 99, 100, 112
忍海角刺宮 65
忍海部女王 63, 65, 66
御救小屋 216
遠智娘 106, 107, 108, 121, 139
越智崗上陵 120
乙相賀取文 117
小野朝臣馬養 157
小野朝臣毛野 134
小墾田の邸 71

首皇子　26, 27, 28, 136, 141, 142, 143, 149, 150, 152, 153, 154, 155, 158, 161, 162, 164, 168
お与津御寮人事件　203, 205, 214
オランダ商館　215
オランダ貿易　215
小和田家　31
恩荷　114
女二宮　216, 217

●か●

開化天皇　44, 45, 69
外国関係処理　209
改造一円札　53
戒壇の設立　178
懐風藻　176
海龍王寺　191
鹿我別　58
柿本人麻呂　129
部曲　104
科挙　156
麛坂皇子　49, 52, 53, 54
加墾禁止令　190
炊屋姫　67, 70
膳夫王　169
膳臣葉積　114
春日臣　129
葛城王　165, 172
華族制度　31
月山　76
葛城葦田宿禰　63
葛城蟻臣　63
葛城襲津彦　59, 63
葛城烏奈良　74, 75, 78, 81
加藤忠広　207
葛野王　135, 136, 140
上毛野廣人　160
上宮大娘姫王　104
賀茂比売　165
賀茂宮　203, 204
軽皇子　27, 109, 110, 126, 127, 128, 135, 136, 137, 140, 141, 142
川島皇子　123, 125, 176
河辺麻呂　113
冠位十二階　82, 84, 95, 101, 103
閑院宮　226, 227
寛永通宝　210
寛永の大飢饉　215
元興寺　83
鑑真　178, 179
桓武天皇　176, 193, 198, 199, 200
観勒僧　91

●き●

義慈王　118, 119
鬼室福信　117, 118
吉子木連子　74
吉士金　74
魏書　56
魏志倭人伝　48, 55, 56
貴須王　60
堅塩媛　67, 68, 69, 70, 77, 78
貴智　118
飢人改め　215
紀男麻呂宿禰　74, 75, 78, 81
紀諸人　177, 195
規伯玄方　209
吉備内親王　141, 151, 154, 169, 170
吉備笠垂　109
吉備姫王　97, 112

吉備真備　155, 156, 173, 176, 186, 191, 195, 196
吉備由利　195
黄文王　182
格　149, 162
級飡金道那　127
行基　156
翹岐　101, 102, 103, 104
恭帝　88
玉璽　187
玉室宗珀　206
浄御原令　127, 137
金元静　150
近習　189, 221
今上陛下　3, 6, 12, 13, 14, 31, 35, 36, 223, 227, 230, 234
禁書令　207
金泰廉　177
禁中並公家諸法度　207, 223
金長言　158
金富軾　57
欽明天皇　22, 25, 67, 68, 69, 70, 71, 72, 73, 77, 78, 79, 81, 90, 93, 97, 99, 112
近隣諸国条項　34

●く●

公卿　29, 47, 107, 125, 131, 132, 135, 148, 166, 172, 180, 181, 183, 187, 194, 195, 203, 219, 221
草香幡梭姫　64
草壁皇子　27, 28, 121, 123, 124, 125, 126, 127, 128, 129, 135, 136, 137, 139, 140, 141, 142, 143, 152, 153, 155, 163, 169, 192
草壁吉士真跡　102
櫛笥隆子　204
櫛笥隆致　204
九条兼実　14
九条尚実　221
百済大寺　104
百済王敬福　175
久氐　57, 59
国勝吉士水鶏　102
恭仁京　145, 174
熊襲討伐　46, 47
来目皇子　81, 82
鞍作福利　84, 86
鞍作徳積　91
鞍作鳥　82, 83
車持皇子　167
栗隈王　172
栗山大膳　208
車木ケンノウ古墳　120
黒田騒動　208
黒田長政　208
黒姫　63
群臣拝賀　190
君民一体　9, 14, 49
郡領　114, 116

●け●

景行天皇　45, 46, 47, 49, 52, 53, 54
継体天皇　22, 69, 74, 197
景徳王　184
気比神宮　45, 55
笥飯宮　45, 46, 55
玄奘　156
乾豆波斯達阿　117
玄宗　156

建忠校尉梯携　56
遣唐使　26, 87, 113, 116, 119, 123, 129, 155, 157, 160, 176, 178, 191
玄昉　155, 173

●こ●

後金　210
孝元天皇　47, 68
皇嗣　72, 105, 230
皇嗣職　229, 230
皇室典範特例法　3, 32, 229, 230
皇嗣殿下　230
孝昭天皇　129
皇親政治　25, 129, 167
皇族會議　18
皇朝十二銭　61, 145, 190
孝徳天皇　24, 25, 98, 109, 110, 111, 112, 113, 114, 115, 124, 126, 127
興福寺　146
弘文天皇　122, 135, 136, 139, 140, 147, 176
皇別摂家　217
国書改竄　209
国書偽造問題　208
石高の算定　213
誥命　211
国連女子差別撤廃委員会　35, 232
後光明天皇　204, 206, 216
後西天皇　204, 214
後嵯峨天皇　203
古事記　45, 47, 63, 66, 67, 148, 159
五摂家　29, 30, 217, 221, 222
巨勢猿臣　74, 75, 78, 81
巨勢徳多　120
小西行長　213
近衛内前　221, 222
近衛家　217, 221, 222
近衛信尹　217
近衛尚嗣　216, 217
己本旱岐　59
駒ヶ岳　215
高麗神社　155
高麗若光　155
後水尾天皇　19, 200, 202, 203, 204, 205, 206, 207, 214, 216, 217, 218
後陽成院　202
後陽成天皇　202, 217
権現山遺跡　160
金高訓　129
金江南　133
金春秋　110, 117, 126, 127
墾田永年私財法　190
金道那　127, 128
金良淋　134

●さ●

斎会　83
狭井檳榔　119
佐伯男　172
境部臣雄摩呂　90
坂合部連石布　116
坂合部連磐鍬　114
酒人内親王　161, 179
坂本吉士長兄　102
射狭君　167
狭城楯列池上陵　60
桜井皇子　73, 97, 112
桜町天皇　219, 220, 221, 222, 224,

226
貞行親王 219, 220, 222, 224
雑系女性天皇 21
左道 169
沙彌覚従 118
狭山池 88
早良王 177
三韓征伐 48, 52, 53, 55, 61, 101, 110
三経義疏 88
参勤交代 209, 215, 225
三世一身法 162
三田渡の盟約 211

●し●

ＧＨＱ 4, 9, 11, 31, 34, 49, 84, 232, 236
紫衣の勅許 206
塩焼王 169, 192
紫香楽宮 174
紫冠の授与 105
志貴親王 176, 195, 198
式年遷宮 129, 137
志貴皇子 123, 177, 193
縮見屯倉首 65
四聖 156
七支刀 59
四天王寺 80
司馬炎 60
島津斉彬 194
島津吉貴 222
斯摩宿禰 56, 57
島原の乱 212, 214, 216
朱印状 207
十七条憲法 23, 82, 95
重追放 221
授戒 178
朱鳥 124, 136
巡察使 133
淳仁天皇 19, 176, 181, 183, 185, 186, 187, 188, 189, 190, 191, 197
上皇后陛下 13, 32, 33
上皇職 229
肖古王 57, 59
称制 26, 27, 55, 61, 80, 113, 119, 121, 124, 126, 128, 136, 137, 140, 142, 144
正田家 31
正田英三郎 31
小徳 103
聖武天皇 26, 27, 28, 136, 141, 143, 145, 149, 150, 152, 153, 154, 156, 158, 159, 162, 164, 165, 167, 168, 169, 171, 173, 174, 175, 176, 177, 178, 181, 185, 188, 189, 192, 198
女系女性天皇 20
女性皇太子 19, 28, 173, 174
女性宮家 3, 4, 6, 12, 32, 33, 35, 36, 231, 232, 233, 236
舒明天皇 24, 26, 69, 70, 92, 93, 94, 96, 97, 98, 99, 100, 101, 102, 105, 109, 111, 112, 197
所領安堵 208
白壁王 161, 176, 177, 178, 179, 193, 195, 196
清（清国） 209, 210, 211, 212, 214, 215
神階制度 191

神祇祭祀の詔　83
神功開宝　61, 190
辰斯　60
壬申の乱　122, 129, 136, 147, 171, 172, 196
臣籍　20, 31, 165, 166, 172
仁祖　210
仁宗　57
神道指令　11, 84
神仏習合　22, 23, 25, 80, 84, 191
神文王　133
親明反後金政策　210
新益京　132

●す●

隋　84, 85, 86, 87, 88, 89, 90
垂加神道　221
崇仏排仏論争　67, 71
樞密顧問　18
須機田　155
助郷　225
典仁親王　227, 228
崇峻天皇　21, 22, 23, 67, 68, 69, 70, 72, 73, 74, 75, 76, 77, 79, 81, 82, 93, 95, 96, 200
崇峻天皇弑虐事件　23, 67, 69, 74, 75, 76, 98
鈴木重辰　214
鈴木重成　213, 214
須藤佐次兵衛　225, 226

●せ●

西晋　56, 60
清寧天皇　63, 65
聖明王　71
昔于老　57
世襲宮家　227
摂関政治　24, 25, 27, 29, 167
節刀　157, 160
宣化天皇　68, 69, 72, 129, 182
善光寺　107
浅草寺　94

●そ●

総国分寺　186
総国分尼寺　186
宗義成　208
蘇我入鹿　23, 24, 94, 98, 100, 101, 103, 105, 106, 107, 108, 109, 139, 165
蘇我王朝　79, 109
蘇我赤兄　115
蘇我稲目　67, 68, 69, 70, 71, 73, 77, 78, 92, 94, 98, 121
蘇我馬子　21, 22, 23, 67, 68, 69, 70, 72, 73, 74, 75, 76, 77, 78, 79, 80, 81, 83, 88, 89, 91, 93, 94, 95, 96, 98, 99, 100, 101, 105, 107, 108, 109, 115, 121, 165
蘇我蝦夷　68, 94, 98, 100, 101, 102, 104, 105, 106, 108, 165
蘇我倉麻呂　121, 165
蘇我倉山田麻呂　106, 107, 108, 121, 139
蘇我境部摩理勢　68, 94, 98
蘇我娼子　164, 165
蘇定方　117
園国子　204
園光子　204
園基任　204
園基音　204
側用人　225

尊号一件　227

●た●

第一次鎖国令　208
大化の改新　25, 76, 96, 98, 110, 139, 166, 170, 200
大勧進　107
大勧進貫主　107
大韓民国　133, 205
大逆事件　22, 23, 72, 73, 78, 79, 88, 95, 96, 99, 100, 102, 115, 169, 170, 200
大興王　82
第三次鎖国令　209
大嘗会　190
太政大臣禅師　188, 190
太上天皇　110, 161, 177, 178, 181, 183, 189, 206, 216, 230
太上法皇　216
大清皇帝功徳碑　212
大膳職　161
太宗　110, 117
大祚栄　160
大唐　84
大東亜戦争　31
大徳寺　206
第二次鎖国令　208
大本願　107
大本願上人　107
第四次鎖国令　211
高倉嗣良　203
高倉天皇　203
鷹司　161
鷹司家　220, 221
鷹司輔平　221
鷹司房輔　220
高野新笠　177, 198, 199, 200
高向玄理　86, 113
宝女王　24, 97, 98, 99, 100
湍津姫　80
沢庵　206
竹田皇子　71, 92, 93
高市皇子　106, 123, 129, 135, 136, 143, 153, 155, 160, 169
竹取物語　167
竹内式部　221, 225
武内宿禰　47, 54, 55, 68
田心姫　80
大宰帥　115, 172, 193
多治比縣守　155, 157, 160
多治比古王　129
多治比犢養　182
多治比嶋真人　129
達率長福　103
橘奈良麻呂の乱　180, 182, 183, 186, 191
橘諸兄　165, 172, 173, 175, 176, 180, 181
達沙　114
龍田大社　137
田中法麻呂　126
田沼意次　225
多比能　165
田村王　24, 69, 70, 92, 93, 94, 96, 97, 98, 101
足仲彦　45
男系女性天皇　20, 28, 45, 99, 100, 137, 142, 153, 163, 197, 219, 224
談山神社　107
椵島　211
耽羅国　119

●ち●

蓄銭叙位の詔　147
千熊長彦　57, 59
千島樺太交換条約　209
智洗爾　90
治天の君　195, 227, 228
茅渟王　97, 99, 100, 112
仲哀天皇　20, 21, 44, 45, 46, 47, 48, 49, 52, 53, 54, 55, 100
中宮院　186, 187
肇国の言葉　6, 7, 8, 231
朝鮮通信使　177, 205, 210, 212, 224
重祚　18, 19, 25, 26, 113, 120, 175, 183, 185, 188, 189, 197
帳内資人　146
町人自治　225
勅定　18
直接進講　221
陳寿　56

●つ●

月輪陵　217, 228
筑紫率　172
紹仁親王　216
対馬藩　208, 209
都須流金流　102
角刺神社　66
津司　158
津守吉祥　119
津守連大海　102
津守連吉祥　116

●て●

貞子内親王　217
丁未の乱　67, 72, 73, 172
出島　208, 211, 215
才伎者　114
出羽三山神社　76
典侍　203, 204, 214, 219
天壌無窮の神勅　4, 6, 7, 8, 9, 10, 11, 12, 14, 30, 31, 32, 33, 35, 79, 166, 217, 223, 231
天皇弑虐事件　18, 23, 76, 78, 79, 80, 81, 82, 108
天平勝宝の大獄　19, 182
転封　208
伝馬騒動　224
天武天皇　27, 28, 96, 98, 99, 111, 121, 122, 123, 124, 125, 126, 127, 128, 129, 135, 136, 137, 138, 139, 140, 141, 142, 143, 144, 148, 149, 151, 152, 153, 154, 155, 156, 160, 165, 167, 169, 171, 176, 180, 181, 182, 192, 193, 195, 196, 197, 200
天領　213, 214

●と●

唐　25, 26, 89, 90, 110, 111, 112, 113, 116, 117, 118, 119, 128, 130, 131, 133, 134, 155, 156, 157, 160, 173, 176, 177, 178, 179, 180, 184, 192
統一新羅　26, 57, 58, 177, 184
道鏡　22, 185, 186, 188, 189, 190, 191, 193, 194, 195, 197, 200

東京裁判史観　34
道鏡事件　22, 185, 194, 197, 200
道顕　117
道昭　156
唐・新羅連合軍　25, 117
東大寺正倉院　177
東福門院源和子　202, 205
都貨羅人　117
礪杵道作　125
徳川家綱　214
徳川家斉　224
徳川家治　223, 224
徳川家光　205, 208, 209, 215, 218
徳川和子　29, 202, 203, 204, 205, 217, 218
卓淳国　56
徳勒津宮　45, 46
智子内親王　219, 222, 224
刀自古郎女　94, 98
舎人親王　158, 159, 169, 181, 183, 187, 190
枕流王　59, 60
兼仁王　226, 227
豊浦宮　46, 47, 53, 76
豊城入彦命　167
曇徴　86

●な●

直仁親王　227
奈解尼師今　57, 58
長娥子　165
中磯姫　64
長親王　195, 196
中臣氏　106, 132, 165
中臣意美麻呂　144, 167
中臣鎌足　23, 24, 25, 26, 29, 31, 106, 107, 108, 109, 110, 113, 120, 132, 139, 141, 144, 145, 147, 164, 165, 166, 167, 169, 170
中臣習宜阿曾麻呂　193, 197
中大兄皇子　23, 24, 25, 26, 98, 99, 100, 101, 105, 106, 107, 108, 109, 110, 111, 112, 113, 115, 117, 119, 121, 139, 166, 170
中御門天皇　219, 222, 226, 227
長屋王　107, 135, 143, 144, 149, 150, 151, 153, 154, 155, 160, 161, 162, 169, 170, 171, 182
長屋王の変　169, 170, 171, 172
難斗米　55
七子鏡　59
難波長柄豊碕宮　110, 111
難波宮　115, 118, 155, 174
奈保山東陵　151
奈末伊弥買　89
奈末智　90
奈末竹世士　86, 88
徳仁皇太子　31
南島　150
南都七大寺　147
南蛮貿易　215

●に●

新田部親王　158, 165, 180, 182, 192
二条舎子　219
二条家　217, 221
二条光平　217
二条吉忠　219, 220
日朝貿易　208

爾波移　57
女御　29, 166, 203, 204, 219, 226, 227
仁徳天皇　47, 63, 64, 146

●ぬ●

額田部皇女　23, 67, 69, 70, 71, 72, 73, 76, 77, 78, 79, 92, 93
糠手姫　69, 70, 94, 96, 97
鐸石別命　194

●ね●

根使主　64
年輪年代測定法　88

●の●

野口王陵　137

●は●

裴世清　85, 86
荑媛　63
白村江の戦　25, 101, 111, 119, 130
羽黒山　76
土師猪手　82
土師中知　94, 95
間人皇女　98, 111, 112
蜂子皇子　74, 76, 93
泊瀬部皇子　72, 73, 93
法度　212
林兵左衛門　212
隼人の相撲　134
隼人の反乱　158, 159
原城　213, 214
婆羅門僧正　157
万世一系　4, 22, 29, 30, 33, 35, 79, 173, 200, 216, 231, 236
班田収授　127

●ひ●

東山天皇　217, 219, 226, 227
氷上志計志麻呂　192, 193
彦坐王　44
彦屋主田心命　148
氷高内親王(皇女)　28, 127, 141, 150, 151, 152, 153, 154
敏達天皇　23, 24, 67, 68, 69, 70, 71, 72, 73, 76, 77, 78, 79, 81, 92, 93, 94, 95, 96, 97, 98, 99, 100, 112, 165, 172
非男系　12, 20, 28
非男系女性天皇　20, 21, 231
非男系天皇　20, 231, 232
英仁親王　219, 220, 221, 222, 225, 226
日撫神社　44
檜隈大内陵　137
百姓撫育　216
廣瀬大社　137
広姫　69, 70, 93

●ふ●

武家諸法度　209, 215
藤井直明　225
藤白神社　116
伏見稲荷　148
伏見宮家　220, 222, 224
藤原王朝　29, 30
藤原京　131, 133, 134, 137, 146, 147
藤原式家　173, 196, 199
藤原姓　26, 166, 167
藤原南家　176, 182, 186

藤原宇合　158, 160, 165, 166, 169, 172, 173, 196, 199
藤原姓　26, 144, 166, 167
藤原清河　176
藤原種継　199
藤原豊成　188
藤原永手　191, 195, 196, 199
藤原仲麻呂　174, 175, 176, 180, 181, 182, 184, 186, 187, 188, 189, 192
藤原仲麻呂の乱　187, 189, 190, 191, 192
藤原広嗣　173
藤原房前　151, 154, 157, 159, 161, 164, 165, 166, 169, 172, 174, 176, 191, 195, 196, 199
藤原不比等　25, 26, 27, 136, 141, 143, 144, 145, 147, 151, 153, 154, 155, 157, 158, 159, 160, 164, 165, 166, 167, 168, 169, 174, 180, 182, 186, 187
藤原真楯　174
藤原真従　181
藤原宮子　26, 136, 141, 142, 143, 150, 154, 155, 164, 165
藤原百川　195, 196, 199
藤原北家　164, 195, 196, 199
附帯決議　3, 231
道祖王　180, 181, 182
船親王　187
史益　131
不平等条約　209
文仁親王　230
扶余豊璋　118
古人大兄皇子　98, 99, 100, 105, 109
不破内親王　169, 192, 193
文智女王　204
文室大市　195, 196
文室浄三　195, 196

●へ●

平城京　133, 145, 146, 147, 150, 170, 172, 173, 174, 178, 185, 191
食封　131

●ほ●

法王　191
法興寺　80
奉書　207
法定　86
豊璋王　119
放生の詔　161
奉書船　207, 208
法進　178
宝蔵王　101
法隆寺　81, 83, 84, 95
宝暦事件　220, 221, 222, 225
北陸宮　14
渤海国　160
法華寺　186, 191
法提郎女　98, 99, 100, 105, 110
沙門行心　125
誉田別命　52, 53, 60, 61
保良宮　185, 186
本記　89

●ま●

莫古　57
益田好次　213
靺鞨　158

松倉勝家　213
松平信綱　214
松前公広　209
松前藩　209
眉輪王　64

●み●

微叱己知波珍干岐　51
粛慎　115, 116, 117, 158
道君首名　148
幣帛　149
御名部内親王(皇女)　106, 143, 150, 155, 160, 169, 171
南小林遺跡　160
南淵請安　86, 106
味摩之　87
弥武　114
宮家　4, 31, 232
屯倉　85, 171
妙心寺　206
三輪田遺跡　160
三輪逆　70
旻　86

●む●

村上掃部左衛門　209
牟婁湯　114, 115, 116

●め●

姪娘　106, 107, 139, 152
明和事件　225

●も●

木羅斤資　59
以仁王　14
物部尾輿　71
物部守屋　70, 72, 172
百八十神　71
桃生城　192
門跡寺院　107, 186
門跡尼寺　186
文武天皇　26, 27, 28, 123, 126, 127, 129, 135, 136, 137, 140, 141, 142, 143, 144, 149, 150, 152, 153, 154, 155, 159, 160, 162, 166, 167, 168, 169, 176, 192

●や●

掖久　88
陽侯史麻呂　158
矢田部連　87, 88
柳川一件　210
柳川調興　208, 209
山県大弐　225
山崎闇斎　221
山科言行　220
山代之大筒木真若王　44
山津照神社　44
和氏　198, 199
日本武尊　45, 46, 52, 87
東漢直駒　75
山部王　177, 193, 199
山部親王　198, 199, 200
山村王　187, 188

●ゆ●

由機田　155
弓削浄人　191, 193
湯殿山　76
湯殿山神社　76

●よ●

煬帝 84, 86, 88
用明天皇 22, 67, 68, 70, 72, 73, 77, 78, 79, 81, 93, 95, 96, 97, 98, 172, 187
養老律令 157, 180, 182
賀子内親王 217
欣子内親王 226
吉野の盟約 27, 123, 124, 125, 126, 128
四辻継子 204
四辻公遠 203
四辻季継 203, 204
四辻与津子 203, 204, 214

●り●

李淵 88, 89
六国史 159
律令国家 25, 27, 200
律令制度 25, 26, 137
遼 160
令外官 133, 158, 175
令義解 180

●れ●

霊元天皇 204
冷泉家 220

●ろ●

老中 207, 225
良弁 156

●わ●

稚桜宮 60
掖上池 87
涌井藤四郎 225, 226
和気王 190
和気神社 194
和気清麻呂 194, 197
渡島 157, 158
和同開珎 145, 147
和珥池 87
鰐浦 50

●を●

弘計王 63, 65, 66

〈著者略歴〉
吉重丈夫（よししげ　たけお）
皇紀2600年（昭和15年）満州国奉天市生まれ
皇紀2606年（昭和21年）引き揚げ
皇紀2625年（昭和40年）東京大学法学部卒業
会社役員・代表、学校法人財務部長
北浜法律事務所顧問
一般社団法人大阪倶楽部会員
素行会維持会員
大阪竹田研究会幹事長
防長史談会代表
日本の正史研究、古代における日本と朝鮮半島の関係史研究
皇位継承の歴史の研究
著書に、『歴代天皇で読む 日本の正史』（錦正社）、『皇位継承事典』（PHPエディターズ・グループ）、企画・調査・編集に『「満州国建国」は正当である』（PHP研究所）などがある。

装丁————神長文夫＋松岡昌代

知っておきたい
女性天皇とその歴史
推古天皇から後桜町天皇まで

2020年3月18日　第1版第1刷発行

著　者	吉　重　丈　夫
発行者	清　水　卓　智
発行所	株式会社PHPエディターズ・グループ 〒135-0061　江東区豊洲5-6-52 ☎03-6204-2931 http://www.peg.co.jp/
組　版	有限会社メディアネット
印刷所 製本所	図書印刷株式会社

ISBN978-4-909417-44-2

PHPエディターズ・グループの本

皇位継承事典

神武天皇から昭和天皇まで

吉重丈夫 著

初代神武天皇から現代まで、皇位継承の歴史はさまざまな事件や困難を乗り越えて、積み重ねられてきた。この一冊を通読すれば、わが国の皇位継承の歴史がすべてわかる！

定価　本体三、五〇〇円（税別）